教科書の公式ガイドブック

教科書ガイド

学習の友

開隆堂 版

サンシャイン

完全準拠

中学英語

2年

JN009091

開隆堂

目次

本書の使い方

PROGRAM 教科書 p.7 ~ p.15

1 Start of a New School Year

Scenes

① **1** 予定や計画について言えるようになろう。 QR

Scenes の意味

A: あなたはギターがじょうずですね。
B: ありがとう。私は今度の日曜日にジョーとコンサートを開く予定です。

A: 彼は歌う予定ですか。
B: はい，彼は歌がじょうずです。

② 「(私は)～する予定です」 とすでに決まっている未来のことを言うときは…

現在の文　I have a concert with Joe.
私はジョーとコンサートを開きます。

未来を表す文　I **am going to** have a concert with Joe next Sunday.
原形
be動詞とgoing toを使って表すよ。

「～する予定ですか」 とたずねるときは…

Is he **going to** sing**?**

主語(he)の前にbe動詞(is)を出すよ。

ポイント!
形　〈be動詞＋going to＋動詞の原形〉／〈be動詞＋主語＋going to＋動詞の原形～?〉
意味　「～する予定です」／「～する予定ですか」

10

①教科書の Scenes です。英文とその日本語訳をのせています。また，英文には読みがなをつけています。強く発音する部分は太字で，弱く発音する部分は小さく示しています。つなげて読む音にも注意しましょう。

②文法のポイントを理解するために，ふきだしや矢印などで解説しています。

③教科書の Listen です。解答，Listen で読まれる英文と日本語訳がのせてあります。QR コードから音声を聞きながら取り組みましょう。

④教科書の Speak & Write です。例文の訳，解答(例)とその訳がのせてあります。

PROGRAM 1 Start of a New School Year

② 【否定文の形！】
He is not going to sing.　彼は歌う予定ではありません。
be動詞のあとにnotを置くよ。

③ Listen サムと久美の週末の予定についての対話を聞き，内容に合う絵を選びましょう。 QR
❶ サム：土(　　)／日(　　)　❷ 久美：土(　　)／日(　　)
a.　b.　c.　d.

解答
❶ 土 c　日 d
❷ 土 b　日 a

対話文 QR
Kumi: Sam, do you have any plans for this weekend?　サム，あなたは今度の週末に何か計画はありますか。
Sam: Yes. I'm going to play soccer this Saturday.　はい。私はこの土曜日にサッカーをする予定です。
Kumi: Oh, are you? How about Sunday?　あら，そうなのですね？　日曜日はどうですか。
Sam: I'm going to visit my uncle. How about you, Kumi?
私はおじを訪ねる予定です。あなたはどうですか，久美。
Kumi: I'm going to see a movie on Saturday and go shopping on Sunday.
私は土曜日に映画を見に行って，日曜日は買い物に行く予定です。

④ Speak & Write 週末の予定を表現しましょう。▶ アクションカード
(例) *A:* I'm going to go to the concert this weekend.
B: I see. On that day I'm going to play soccer.

例文の訳
A: 私は今度の週末にコンサートに行く予定です。
B: そうですか。その日に私はサッカーをする予定です。

解答例
・*A:* I'm going to go shopping this weekend.　私は今度の週末に買い物に行く予定です。
B: I see. On that day I'm going to see a movie.　そうですか。その日に私は映画を見る予定です。
・*A:* I'm going to practice the piano this weekend.　私は今度の週末にピアノを練習する予定です。
B: I see. On that day I'm going to go to the library.　そうですか。その日に私は図書館に行く予定です。

⑤ 単語・語句 QR
□ Joe [ヂョウ] 名 ジョー(男子の名)
□ *be going to* ～　～するつもりだ
□ plan(s) [プラン(ズ)] 名 計画，プラン

⑥ Try ① 表現例
I went to Okinawa. It was fun.　私は沖縄に行きました。楽しかったです。

11

⑤「単語・語句」には読みがながついています。同じ単語でも意味が違う場合は，※印をつけて示しています。(※印の単語の音声はありません。)品詞は次の略記号で示してあります。

名 名詞	代 代名詞	動 動詞
助 助動詞	冠 冠詞	形 形容詞
副 副詞	前 前置詞	接 接続詞
間 間投詞		

⑥教科書の Try です。表現例とその訳がのせてあります。

※ QR のあるところは，QR コードを読みとりアクセスすると，音声などを聞くことができます。QR コードを活用して，実際の英語を聞きながら何度も発音し，正しい発音を身につけましょう。

教科書 p.10

Think

⑦ **1** 新年度の教室でダニエルと真央が話しています。 QR

Daniel: ❶ We're《ウィア》 in《イン》 the《ザ》 same《セイム》 class《クラス》 again《アゲン》. ❷ I'm《アイム》 happy《ハピィ》.
(私たちは同じクラスです / もう一度 / 私は / うれしいです)

Mao: ❸ Me《ミー》 too《トゥー》. ❹ By《バイ》 the《ザ》 way《ウェイ》, do you《ドゥーユー》 have《ハヴ》 any《エニィ》 plans《プランズ》 for《フォー》 next《ネクスト》 Saturday《サタディ》?
(私もです / ところで / あなたは何か計画はありますか / 次の土曜日の)

Daniel: ❺ Nothing《ナッスィング》 special《スペシャル》. ❻ What's《(フ)ワッツ》 up《アップ》?
(特別なことはありません / どうしましたか)

Mao: ❼ Miki《ミキ》 is《イズ》 going《ゴウイング》 to《トゥー》 move《ムーヴ》 to《トゥー》 Canada《キャナダ》.
(美希が引っ越す予定です / カナダへ)

引っ越す予定がすでに決まっていることを表している。

⑧ 本文の意味

ダニエル：❶ぼくたちはまた同じクラスだね。❷うれしいな。
真央：❸私もよ。❹ところで，次の土曜日は何か計画はある？
ダニエル：❺特にないよ。❻どうしたの？
真央：❼美希がカナダに引っ越すのよ。
ダニエル：❽ほんとうかい？ ❾いつ出発するの？
真央：❿来週よ。⓫私は彼女のお別れ会を計画しているの。⓬あなたも参加してくれる？
ダニエル：⓭いいよ。⓮喜んで。

16

⑦教科書の Think の本文です。英文には読みがなをつけています。太字は強く発音する部分を示しています。つなげて読む音にも注意しましょう。また，語や語句の単位で下線をつけ，部分訳を示しています。❶❷の番号は「本文の意味」と対応しているので，対照しやすくなっています。引き出し解説では本文の理解をより深めるための解説がのせてあります。

⑧「本文の意味」には本文の訳の一例をのせています。❶❷の番号は本文と対応しています。

⑨教科書のＱとそれに対する答えのＡです。日本語訳ものせています。

PROGRAM 1 Start of a New School Year

Daniel: ❽ Really《リーリィ》? ❾ When《(フ)ウェン》 is《イズ》 she《シー》 going《ゴウイング》 to《トゥー》 leave《リーヴ》?
(ほんとうですか / いつ / 彼女は出発する予定ですか)

Whenのあとに疑問文の形が続いている。いつ出発するのかをたずねている。

Mao: ❿ Next《ネクスト》 week《ウィーク》. ⓫ I'm《アイム》 planning《プラニング》 a《ア》 farewell《フェアウェル》 party《パーティ》 for《フォー》 her《ハー》. ⓬ Can you《キャニュー》 join《ヂョイン》 me《ミー》?
(来週です / 私は計画しているところです / お別れ会を / 彼女のために / あなたは参加してくれますか / 私に)

Daniel: ⓭ Sure《シュア》. ⓮ My《マイ》 pleasure《プレジャ》.
(いいですよ / 喜んで)

⑨

Q
① Where is Miki going to move?
美希はどこに引っ越す予定ですか。
② What is Mao going to do for Miki?
真央は美希のために何をするつもりですか。

A 解答例
❶ She is going to move to Canada.
彼女はカナダに引っ越す予定です。
❷ She is going to have a farewell party (for Miki).
彼女は(美希のために)お別れ会を開くつもりです。

単語・語句 QR

- □ nothing [ナッスィング] 代 何も～ない
- □ move [ムーヴ] 動 引っ越す
- □ ※plan [プラン] 動 計画する(→教科書p.9 名 計画，プラン)
- □ farewell [フェアウェル] 名 別れ
- □ pleasure [プレジャ] 名 喜び
- □ *by the way* ところで
- □ *What's up?* どうしたの。
- □ *My pleasure.* 喜んで。

17

※本文などには読み方がわかりやすいように読みがながつけてありますが，英語の正確な発音ではありません。参考程度にして，正しい読み方はQRコードから音声を聞いて身につけましょう。

本書の使い方

Retell

本文の内容を伝える際の表現例とその訳がのせてあります。

Interact

例文とその訳，表現例とその訳を示しています。

英語のしくみ

例文とその訳がのせてあります。また，Challenge! は，文法事項を確認するための問題です。理解できたかどうか確認しましょう。

赤フィルター

本書には赤フィルターがついています。英文の読みがなや「単語・語句」の意味の一部，解答(例)の一部などが赤い文字になっています。フィルターをあてると文字がかくれますから，復習するときやテスト前の確認などに使いましょう。

単語・語句 QR

- □ sang [サング] 動 sing(歌う)の過去形
- □ almost [オールモウスト] 副 もう少しで，すんでのことで～するところ
- □ cry, cried [クライ(ド)] 動 泣く
- □ overseas [オウヴァスィーズ] 副 外国に，海外へ
- □ *do my best* 最善[ベスト]をつくす
- □ *say hello to* ～　～によろしくと言う

Try ③ 表現例

I will go to the library after school.

私は放課後，図書館に行こうと思っています。

その他のおもなページ

Reading

PROGRAM の本文と同じように，読みがな，下線と部分訳，引き出し解説，本文の意味をのせています。また，Check や Guess の解答(例)ものせています。

Our Project

英文とその訳，解答(例)などがのせてあります。

その他のページ

Steps
英文とその訳，解答(例)，表現例などがのせてあります。

Power-Up
教科書の英文やListeningで読まれる英文とその訳，解答(例)，表現例などがのせてあります。
QRコードがある英文は，音声を聞きながら取り組みましょう。

Word Web
単語の意味と読みがな，「やってみよう」の例文とその訳，表現例などがのせてあります。

巻末資料
巻末資料2は英文の訳をのせています。
巻末資料10と14は学習していない単語を含めて，すべてに読みがなをつけています。
巻末資料15は単語の強く発音する部分に印をつけています。

辞書を読んでみよう

教科書 p.6

英和辞典にはどんな内容が書いてあるでしょうか。

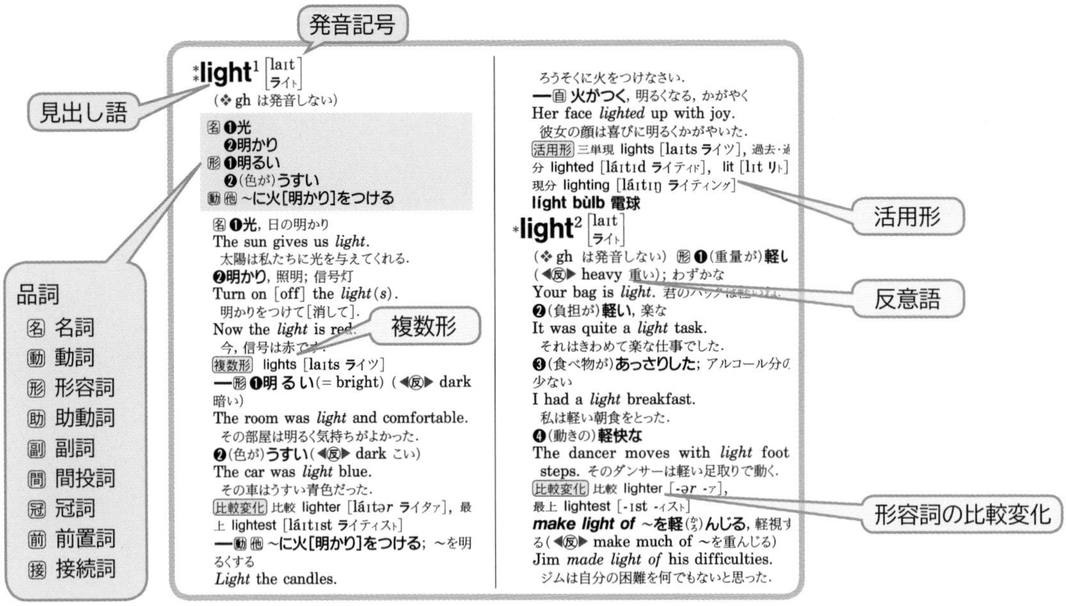

英語では１つの単語が名詞として使われたり，動詞として使われたりします。また，１つの単語がいくつかの意味をもつことがしばしばあります。

● やってみよう

1. 復習　次の語を辞書に出てくる順番に並べましょう。

(1) ① enjoy　② rock　③ last　④ very　⑤ see　①→③→②→⑤→④

(2) ① tea　② town　③ table　④ tennis　⑤ today　③→①→④→⑤→②

2. 下線部の単語について，意味の違いを調べましょう。

(1) I washed a lot of dishes.　私はたくさんの皿を洗いました。

(2) These are Kyoto dishes.　これらは京都の料理です。

3. 下線部の単語について，品詞の違いを調べましょう。

(1) I watched a soccer game on TV.　私はテレビでサッカーの試合を見ました。→動詞

(2) Your watch is very nice.　あなたの腕時計はとてもいいです。→名詞

4. 辞書を引いて，次の単語を使った文を書きましょう。

(1) like　(2) have

(1) I like soccer.　私はサッカーが好きです。

(2) I have a dog.　私はイヌを飼っています。

MEMO

PROGRAM 1

Start of a New School Year

Scenes

1 予定や計画について言えるようになろう。 QR

Scenes の意味

A: あなたはギターがじょうずですね。
B: ありがとう。私は今度の日曜日にジョーとコンサートを開く予定です。

A: 彼は歌う予定ですか。
B: はい，彼は歌がじょうずです。

「(私は)～する予定です」 とすでに決まっている未来のことを言うときは…

現在の文　I have a concert with Joe.
私はジョーとコンサートを開きます。

未来を表す文　I **am going to** have a concert with Joe next Sunday.
原形（have）
be動詞とgoing toを使って表すよ。

「～する予定ですか」 とたずねるときは…

Is he **going to** sing**?**

主語(he)の前にbe動詞(is)を出すよ。

ポイント!

形　〈be動詞＋going to＋動詞の原形〉 ／ 〈be動詞＋主語＋going to＋動詞の原形～?〉

意味　「～する予定です」 ／ 「～する予定ですか」

【否定文の形！】

He **is not going to** sing.　彼は歌う予定ではありません。

be動詞のあとにnotを置くよ。

Listen　サムと久美の週末の予定についての対話を聞き，内容に合う絵を選びましょう。 QR

❶ サム：土(　　)／日(　　)　❷ 久美：土(　　)／日(　　)

a.

b.

c.

d.

解答

❶ 土 c　　日 d

❷ 土 b　　日 a

対話文 QR

Kumi: Sam, do you have any plans for this weekend?　サム，あなたは今度の週末に何か計画はありますか。

Sam: Yes. I'm going to play soccer this Saturday.　はい。私はこの土曜日にサッカーをする予定です。

Kumi: Oh, are you? How about Sunday?　あら，そうなのですね？　日曜日はどうですか。

Sam: I'm going to visit my uncle. How about you, Kumi?

私はおじを訪ねる予定です。あなたはどうですか，久美。

Kumi: I'm going to see a movie on Saturday and go shopping on Sunday.

私は土曜日に映画を見に行って，日曜日は買い物に行く予定です。

Speak & Write　週末の予定を表現しましょう。▶ アクションカード

（例） *A:* I'm going to go to the concert this weekend.

B: I see. On that day I'm going to play soccer.

例文の訳

A: 私は今度の週末にコンサートに行く予定です。

B: そうですか。その日に私はサッカーをする予定です。

解答例

・*A:* I'm going to go shopping this weekend.　私は今度の週末に買い物に行く予定です。

B: I see. On that day I'm going to see a movie.　そうですか。その日に私は映画を見る予定です。

・*A:* I'm going to practice the piano this weekend.　私は今度の週末にピアノを練習する予定です。

B: I see. On that day I'm going to go to the library.　そうですか。その日に私は図書館に行く予定です。

単語・語句 QR

□ Joe［ヂョウ］名 ジョー（男子の名）

□ plan(s)［プラン(ズ)］名 計画，プラン

□ *be going to* ～　～するつもりだ

Try　① 表現例

I went to Okinawa. It was fun.　私は沖縄に行きました。楽しかったです。

2 これからしようと思っていることや，これから起こることについて言えるようになろう。 QR

Scenes の意味

A: ベン，電話に出てもらえますか。
B: いいですよ。私が出ましょう。

B: おかあさん。ジョーの家に行ってもいいですか。
A: いいですよ，でも夕方に雨が降るでしょう。かさを持っていきなさい。

「～しようと思う」 と(話しているときに決めた)未来のことを言うときは…

現在の文　I answer the phone.　私が電話に出ます。

未来を表す文　I **will** answer the phone.　私が電話に出ましょう。
（answer：原形）

willを使って表すよ。

「～でしょう」 と話し手の推測を表すときも…

現在の文　It rains.　雨が降ります。

未来を表す文　It **will** rain in the evening.
（rain：原形）

willを使って表すよ。

ポイント!

形　〈will＋動詞の原形〉　**意味**　「～しようと思う」／「～でしょう」

【疑問文・否定文の形！】

疑問文　**Will** it rain in the evening?　夕方に雨が降るでしょうか。

主語(it)の前にwillを出すよ。

答えの文　Yes, it **will**. / No, it **won't**.　はい，降るでしょう。／いいえ，降らないでしょう。

= will not

willを使って答えるよ。won'tは[ウォウント]と発音するよ。

否定文　It **will not** rain in the evening.　夕方に雨は降らないでしょう。

willのあとにnotを置くよ。

Listen　アンとサムの電話での対話を聞き，内容に合うものを選びましょう。QR

❶ 最初，アンは明日（　バスケットボールをする ／ 宿題をする　）つもりだった。

❷ 明日の天気は（　晴れ ／ 雨　）の予報なので買い物に行くことにした。

解答

❶ バスケットボールをする

❷ 雨

対話文 QR

Sam: Hi, Ann. What are you doing now?　こんにちは，アン。あなたは今，何をしていますか。

Ann: I'm doing my homework.　私は宿題をしているところです。

Sam: What will you do tomorrow?　あなたは明日何をしようと思いますか。

Ann: I'll play basketball in the park.　私は公園でバスケットボールをしようと思います。

Sam: It'll be rainy tomorrow.　明日は雨になるでしょう。

Ann: Is that right? Then, I'll go to the shopping mall at the station.
ほんとうですか。それなら，私は駅のショッピングモールに行こうと思います。

Speak & Write　次の日曜日にしようと思うことを表現しましょう。

（例）*A:* I'll clean my room next Sunday.

B: Good. I'll read *manga* at home.

例文の訳

A: 私は次の日曜日に自分の部屋を掃除しようと思います。

B: いいですね。私は家でマンガを読もうと思います。

解答例

・*A:* I'll eat *ramen* next Sunday.　私は次の日曜日にラーメンを食べようと思います。
　B: Good. I'll eat spaghetti at home.　いいですね。私は家でスパゲッティを食べようと思います。

・*A:* I'll go fishing next Sunday.　私は次の日曜日につりに行こうと思います。
　B: Good. I'll play video games at home.　いいですね。私は家でテレビゲームをしようと思います。

(単語・語句はp.23へ)

3 いつ何をするのか説明できるようになろう。条件について言えるようになろう。 QR

Scenes の意味

A: 私は今朝あなたに電話しました。
B: すみません。あなたが電話をくれたとき，私は庭にいました。

A: もし今日ひまならば，私たちのコンサートに来てくれますか。
B: まあ，もちろんです。

「～したとき…」と時を言うときは…

You called me. ＋ I was in the yard.
あなたは私に電話しました。 私は庭にいました。

When you called me, I was in the yard.
（you＝主語　called＝動詞　I＝主語　was＝動詞）

「～のとき」という意味のwhenで始めるよ。「いつ」の意味ではないよ。

ポイント！
形　〈When ～, ...〉　**意味**　「～のとき…」

「もし～ならば…」と条件を言うときは…

You are free today. ＋ Can you come to our concert?
あなたは今日ひまです。 私たちのコンサートに来てくれますか。

If you are free today, can you come to our concert?

「もし～ならば」という意味のifで始めるよ。

ポイント!

形 〈if ～, ...〉 **意味** 「もし～ならば…」

【when ～やif ～がうしろにくる形!】

I was in the yard **when** you called me.

when ～やif ～がうしろにくることもあるよ。

Can you come to our concert **if** you are free today?

Listen アンと純の対話を聞き，内容に合う絵に○，合わない絵に×をつけましょう。QR

a. ( )

b. ( )

c. ( )

d. ( )

解答

a. ○

b. ×

c. ×

d. ○

対話文 QR

Ann: When I came home today, my mother was jumping rope. She will go to the gym tomorrow.
今日私が家に帰って来たとき，母は縄跳びをしていました。母は明日，ジムに行くでしょう。

Jun: Will you go with her? あなたはおかあさんといっしょに行こうと思いますか。

Ann: No. I'll stay home tomorrow. いいえ。私は明日は家にいようと思います。

Jun: What will you do? あなたは何をしようと思いますか。

Ann: Well, if it's sunny, I'll clean my bike. If it's rainy, I'll read books.
ええと，もし晴れなら，私は自分の自転車を掃除しようと思います。もし雨なら，私は本を読もうと思います。

Speak & Write 次の2つの質問に対して，自分のことを表現しましょう。

❶ When you are free, what do you usually do?

❷ If it's sunny [rainy] tomorrow, what will you do?

例文の訳

❶あなたはひまなとき，ふつうは何をしますか。

❷もし明日が晴れ[雨]なら，あなたは何をしようと思いますか。

解答例

・❶ When I am free, I usually watch TV. 私はひまなとき，たいていテレビを見ます。
　❷ If it's sunny tomorrow, I will practice soccer.
　もし明日晴れなら，私はサッカーを練習しようと思います。

・❶ When I am free, I usually make a cake. 私はひまなとき，たいていケーキを作ります。
　❷ If it's rainy tomorrow, I will study English. もし明日雨なら，私は英語を勉強しようと思います。

(単語・語句はp.23へ)

Think

1 新年度の教室でダニエルと真央が話しています。 QR

Daniel: ❶ We're《ウィア》 in《イン》 the《ザ》 same《セイム》 class《クラス》 again《アゲン》. ❷ I'm《アイム》
私たちは同じクラスです　もう一度　私は

happy《ハピィ》.
うれしいです

Mao: ❸ Me《ミー》 too《トゥー》. ❹ By《バイ》 the《ザ》 way《ウェイ》, do《ドゥー》 you《ユー》 have《ハヴ》 any《エニィ》
私もです　ところで　あなたは何か計画はありますか

plans《プランズ》 for《フォー》 next《ネクスト》 Saturday《サタディ》?
次の土曜日の

Daniel: ❺ Nothing《ナッスィング》 special《スペシャル》. ❻ What's《(フ)ワッツ》 up《アップ》?
特別なことはありません　どうしましたか

Mao: ❼ Miki《ミキ》 is《イズ》 going《ゴウイング》 to《トゥー》 move《ムーヴ》 to《トゥー》 Canada《キャナダ》.
美希が引っ越す予定です　カナダへ

引っ越す予定がすでに決まっていることを表している。

本文の意味

ダニエル：❶ぼくたちはまた同じクラスだね。❷うれしいな。
真央：❸私もよ。❹ところで，次の土曜日は何か計画はある？
ダニエル：❺特にないよ。❻どうしたの？
真央：❼美希がカナダに引っ越すのよ。
ダニエル：❽ほんとうかい？　❾いつ出発するの？
真央：❿来週よ。⓫私は彼女のお別れ会を計画しているの。⓬あなたも参加してくれる？
ダニエル：⓭いいよ。⓮喜んで。

Daniel: ❽ Really《リーリィ》? ❾ When《(フ)ウェン》 is《イズ》 she《シー》 going《ゴウイング》 to《トゥー》 leave《リーヴ》?

ほんとうですか　いつ　彼女は出発する予定ですか

> Whenのあとに疑問文の形が続いている。いつ出発するのかをたずねている。

Mao: ❿ Next《ネクスト》 week《ウィーク》. ⓫ I'm《アイム》 planning《プラニング》

来週です　私は計画しているところです

a《ア》 farewell《フェアウェル》 party《パーティ》 for《フォー》 her《ハー》. ⓬ Can you《キャニュー》 join《ヂョイン》 me《ミー》?

お別れ会を　彼女のために　あなたは参加してくれますか　私に

Daniel: ⓭ Sure《シュア》. ⓮ My《マイ》 pleasure《プレジャ》.

いいですよ　喜んで

Q

① Where is Miki going to move?
美希はどこに引っ越す予定ですか。

② What is Mao going to do for Miki?
真央は美希のために何をするつもりですか。

A

解答例

❶ She is going to move to Canada.
彼女はカナダに引っ越す予定です。

❷ She is going to have a farewell party (for Miki).
彼女は(美希のために)お別れ会を開くつもりです。

単語・語句 QR

□ nothing [ナッスィング] 代 何も～ない
□ move [ムーヴ] 動 引っ越す
□ ※plan [プラン] 動 計画する(→教科書p.9 名 計画，プラン)
□ farewell [フェアウェル] 名 別れ
□ pleasure [プレジャ] 名 喜び
□ *by the way*　ところで
□ *What's up?*　どうしたの。
□ *My pleasure.*　喜んで。

2 お別れ会でダニエルと美希が話しています。 QR

Daniel: ❶ Miki《ミキ》, it's《イッツ》 cold《コウルド》 in《イン》 Canada《キャナダ》 now《ナウ》.
美希 / 寒いです / カナダでは / 今

❷ Please《プリーズ》 take《テイク》 care《ケア》.
どうか気をつけてください

Miki: ❸ Thank you《サンキュー》, Daniel《ダニエル》.
ありがとう / ダニエル

Daniel: ❹ Are《アー》 you《ユー》 going《ゴウイング》 to《トゥー》 go《ゴウ》 to《トゥー》 a《ア》 local《ロウカル》 school《スクール》?
あなたは通う予定ですか / 地元の学校へ

be going to ～の疑問文。地元の学校に通う予定なのかどうかをたずねている。

Miki: ❺ Yes《イエス》. ❻ I'm《アイム》 a《ア》 little《リトル》 bit《ビット》 worried《ワーリッド》.
はい / 私は少し心配しています

Daniel: ❼ It's《イッツ》 OK《オウケイ》. ❽ You'll《ユール》 make《メイク》 new《ニュー》 friends《フレンヅ》 soon《スーン》.
それは大丈夫です / あなたは作るでしょう / 新しい友だちを / すぐに

You'llはYou willの短縮形。話し手の推測を表している。

本文の意味

ダニエル：❶美希，今カナダは寒いよ。❷気をつけてね。
美希：❸ありがとう，ダニエル。
ダニエル：❹地元の学校に通うのかい？
美希：❺うん。❻少し心配なの。
ダニエル：❼大丈夫だよ。❽すぐに新しい友だちができるよ。
美希：❾そうだといいけど。❿私はみんなのこと忘れないわ。
ダニエル：⓫連絡を取り続けようね，美希。
美希：⓬もちろん。⓭メールをしょっちゅう送るわね。

Miki: ❾ I《アイ》 hope《ホウプ》 so《ソウ》. ❿ I《アイ》 won't《ウォウント》 forget《ファゲット》 you《ユー》 all《オール》.

私は そのように希望します　私は 忘れるつもりはありません　あなたたち全員を

Daniel: ⓫ Keep《キープ》 in《イン》 touch《タッチ》, Miki《ミキ》.

連絡を取り続けましょう　美希

Miki: ⓬ Of《アフ》 course《コース》. ⓭ I'll《アイル》 email《イーメイル》 you《ユー》 often《オーファン》.

もちろんです　私はメールを送ろうと思います　あなたに　しばしば

soは，❽の「すぐに新しい友だちができるだろう」というダニエルの発言の内容をさしている。

won'tはwill notの短縮形。話しているときに決めた未来のことを表している。

I'llはI willの短縮形。話しているときに決めた未来のことを表している。

Q

① Is Miki going to go to a Japanese school?
美希は日本人学校に通う予定ですか。

② Will Miki often email Daniel?
美希はしばしばダニエルにメールを送るでしょうか。

A 解答例

❶ No, she isn't. She is going to go to a local school.
いいえ，通う予定ではありません。彼女は地元の学校に通う予定です。

❷ Yes, she will.
はい，送るでしょう。

単語・語句 QR

- □ care［ケア］名 注意，用心
- □ local［ロウカル］形 地元の
- □ bit［ビット］名 少し
- □ worried［ワーリッド］形 心配な
- □ you'll［ユール］＝you will
- □ soon［スーン］副 すぐに，まもなく
- □ hope［ホウプ］動 望む，希望する
- □ won't［ウォウント］＝will not
- □ forget［ファゲット］動 忘れる
- □ email［イーメイル］動（電子）メールを送る
- □ *take care* 気をつける，注意する
- □ *a little bit* 少し
- □ *keep in touch* 連絡を取り続ける

Try ② 表現例

I'm going to visit my grandma next weekend.
私は来週末，祖母を訪ねるつもりです。

3 カナダに出発する前，美希はダニエルにメールを送りました。 QR

❶ Hi《ハイ》 Daniel《ダニエル》,

こんにちは ダニエル

❷ I《アイ》 had a《ハッダ》 great《グレイト》 time《タイム》 at《アット》 the《ザ》 farewell《フェアウェル》 party《パーティ》.

私は すばらしい時を過ごしました お別れ会で

「～のとき…」の文。～にあたるのが everyone sang a song for me の部分，…にあたるのが I almost criedの部分。

❸ When《(フ)ウェン》 everyone《エヴリワン》 sang《サング》 a《ア》 song《ソーング》 for《フォー》 me《ミー》, I《アイ》 almost《オールモウスト》 cried《クライド》.

みんなが歌ったとき 歌を 私のために 私は もう少しで泣くところでした

❹ I'll《アイル》 miss《ミス》 everyone《エヴリワン》.

私はさびしく思うでしょう みんなを

美希がカナダに引っ越して，そこで暮らすことをさしている。

❺ This《ズィス》 will《ウィル》 be《ビー》 my《マイ》 first《ファースト》 long《ローング》 stay《ステイ》 overseas《オウヴァスィーズ》.

これは 私の最初の長い滞在になるでしょう 外国での

❻ I《アイ》 will《ウィル》 do《ドゥー》 my《マイ》 best《ベスト》 at《アット》 my《マイ》 new《ニュー》 school《スクール》.

私は 最善をつくすつもりです 私の新しい学校で

本文の意味

❶こんにちはダニエル，

❷お別れ会はすごく楽しかったです。❸みんなが私のために歌を歌ってくれたとき，もう少しで泣くところでした。❹みんながいないくてさびしく思うでしょう。

❺これは私の外国での初めての長い滞在になるでしょう。

❻私は新しい学校で，ベストをつくそうと思っています。

❼もし時間があれば，あなたの新しいクラスについて私に教えてください。❽みんなによろしくと伝えてね。

❾あなたの友だち，

❿美希より

❼ If《イフ》 you《ユー》 have《ハヴ》 time《タイム》, tell《テル》 me《ミー》 about《アバウト》 your《ユア》 new《ニュー》 class《クラス》.

もしあなたが時間があれば　教えてください　私に　あなたの新しいクラスについて

❽ Please《プリーズ》 say《セイ》 hello《ヘロウ》 to《トゥー》 everyone《エヴリワン》.

どうか　みんなによろしくと言ってください

❾ Your《ユア》 friend《フレンド》,

あなたの友だち

❿ Miki《ミキ》

美希

「もし～ならば…」の文。～にあたるのがyou have timeの部分，…にあたるのがtell me about your new classの部分。

Q

① What did Miki's friends do for her at the party?
パーティーで美希の友だちは美希のために何をしましたか。

② Was the song moving for Miki?
その歌は美希にとって感動的なものでしたか。

A 解答例

❶ They sang a song for her.
彼らは彼女のために歌を歌いました。

❷ Yes, it was. (When everyone sang a song for her, she almost cried.)
はい，そうでした。（みんなが彼女のために歌を歌ったとき，彼女はもう少しで泣くところでした。）

単語・語句 QR

- □ sang［サング］動 sing(歌う)の過去形
- □ almost［オールモウスト］副 もう少しで，すんでのことで～するところ
- □ cry, cried［クライ(ド)］動 泣く
- □ overseas［オウヴァスィーズ］副 外国に，海外へ
- □ *do my best*　最善［ベスト］をつくす
- □ *say hello to* ～　～によろしくと言う

Try ③ 表現例

I will go to the library after school.

私は放課後，図書館に行こうと思っています。

Retell

❷

□ move to Canada　□ Mao　□ plan　□ a farewell party

表現例

・Miki is going to move to Canada next week.
美希は来週，カナダへ引っ越す予定です。

・Mao is planning a farewell party for Miki.
真央は美希のためにお別れ会を計画しています。

□ a local school in Canada　□ worried　□ make new friends

表現例

・Miki is going to go to a local school in Canada.
美希はカナダで地元の学校に通う予定です。

・Miki is a little bit worried.
美希は少し心配しています。

・Miki will make new friends.
美希は新しい友だちを作るでしょう。

□ sing a song　□ cry　□ do her best

表現例

・When everyone sang a song for Miki at the farewell party, she almost cried.
お別れ会でみんなが美希のために歌を歌ったとき，彼女はもう少しで泣くところでした。

・Miki will do her best at her new school.
美希は新しい学校でベストをつくすでしょう。

Interact

1 My Summer Plan

例文と訳

A: I'm going to go to Miyazaki this summer.　私はこの夏に宮崎へ行くつもりです。

B: What are you going to do there?　あなたはそこで何をするつもりですか。

A: I'm going to swim in the beautiful sea and eat mangoes.
私は美しい海で泳いだり，マンゴーを食べたりするつもりです。

B: Sounds nice.　すてきですね。

2 Come to My Hometown.

① 例文と訳

When you come to Toyama, please visit Himi. If you go to Himi, you can eat delicious fish. If it's sunny, you can see beautiful mountains.
あなたが富山に来るときは，氷見を訪れてください。もしあなたが氷見へ行けば，おいしい魚を食べることができます。もし晴れていれば，あなたは美しい山々を見ることができます。

(p.13より)

単語・語句 QR

- □ I'll [アイル] ＝I will
- □ will [ウィル] 助 ～しようと思う，～でしょう
- □ it'll [イットル] ＝it will
- □ evening [イーヴニング] 名 晩，夕方
- □ *in the evening*　夕方に，夜に

(p.15より)

単語・語句 QR

- □ if [イフ] 接 もし～ならば
- □ free [フリー] 形 自由な，ひまな
- □ *come home*　家に帰る

英語のしくみ

1 未来表現 例文と訳

1. be going to ～

・I am going to see Mr. Sato this afternoon.　私は今日の午後，佐藤先生に会う予定です。

・Are you going to see Mr. Sato this afternoon?　あなたは今日の午後，佐藤先生に会う予定ですか。

　— Yes, I am. / No, I'm not.　はい，会う予定です。／いいえ，会う予定ではありません。

・I am not going to see Mr. Sato this afternoon.　私は今日の午後，佐藤先生に会う予定ではありません。

2. will

・I will go to Mike's house this afternoon.　So I won't be at home.

　私は今日の午後マイクの家に行こうと思います。だから私は家にいないでしょう。

・It will be sunny tomorrow.　He'll play soccer in the park.

　明日は晴れるでしょう。彼は公園でサッカーをするでしょう。

・I'm going to play tennis with Maki.　私は真紀とテニスをする予定です。

・I'll play tennis with Maki.　私は真紀とテニスをしようと思います。

Challenge!

日本文に合う英文になるように，(　)内の語句を並べかえましょう。

(1)私は明日健二に電話をする予定です。　I (call / am / to / Kenji / going) tomorrow.

(2)彼は今週末，家にいるでしょう。　He (be / home / will / at) this weekend.

(3)あやめは次の日曜日に踊る予定ですか。　(going / is / dance / to / Ayame) next Sunday?

(4)今日の午後は晴れるでしょうか。　(sunny / will / this afternoon / be / it)?

2 接続詞when / if 例文と訳

・When I got home, my sister was reading *manga*.（=My sister was reading *manga* when I got home.）　私が帰宅したとき，姉[妹]はマンガを読んでいました。

・If it is sunny tomorrow, let's play tennis.（=Let's play tennis if it is sunny tomorrow.）

　もし明日晴れるなら，テニスをしましょう。

Challenge!

日本文に合う英文になるように，(　)内の語を並べかえましょう。

(1)徹が帰宅したとき，おかあさんは料理をしていました。

　(home / Toru / came / when), his mother was cooking.

(2)もしあなたが忙しいなら，私はあなたを手伝えます。

　(busy / if / are / you), I can help you.

(Challenge!の解答はp.25)

Steps 1 情報をつなげながらメモをとろう

教科書 p.16

1

① 対話文 QR

Taku: What did you do last weekend?　あなたは先週末は何をしましたか。

Ms. Brown: On Saturday, I washed my dogs. On Sunday, I saw a movie and went shopping.
土曜日は，私はイヌを洗いました。日曜日は，映画を見て買い物に行きました。

Taku: Oh, you went shopping. Where did you go?
ああ，買い物に行ったんですね。どこへ行きましたか。

Ms. Brown: I went to Ueno.　上野へ行きました。

Taku: How did you go there?　どうやってそこへ行きましたか。

Ms. Brown: By train.　電車でです。

② 対話文 （続き） QR

Taku: What did you buy?　あなたは何を買いましたか。

Ms. Brown: I bought a new bag.　私は新しいかばんを買いました。

Taku: You said, "On Saturday, I washed my dogs." How many dogs do you have?
あなたは「土曜日に，私はイヌを洗いました」と言いました。何匹イヌを飼っていますか。

Ms. Brown: Two. Their names are Fuji and Sakura.　２匹です。名前はフジとサクラです。

解答　(❷) → ❼ → ❾, ❿　　(❹) → ❽

③ 例文と訳

What kind of movie did you see? / Do you often go to Ueno?
あなたはどんな種類の映画を見ましたか。／あなたはしばしば上野へ行きますか。

表現例

Do you like dogs? / Do Fuji and Sakura have long hair?
あなたはイヌが好きですか。／フジとサクラは長い毛をしていますか。

Do you like Ueno? / How often do you go to Ueno?
上野が好きですか。／どのぐらいの頻度で上野へ行きますか。

単語・語句 QR

□ said ［セッド］ 動 say（言う）の過去形《過去分詞形も同形》

Challenge! 解答 (p.24)

1 (1) I am going to call Kenji tomorrow.　(2) He will be at home this weekend.
(3) Is Ayame going to dance next Sunday?　(4) Will it be sunny this afternoon?

2 (1) When Toru came home, his mother was cooking.　(2) If you are busy, I can help you.

Leave Only Footprints

Scenes

1 自分の考えを言えるようになろう。 QR

Scenes の意味

A: 明日の朝 5 時にハイキングに行きましょう。
B: それは早すぎると思います。

A: 心配しないでください。私が電話しますよ。
B: 私は電話の音が聞こえないと思います。

「～だと思う」という意味を表すときは…

It's too early.　それは早すぎます。

↓

I **think** (that) it's too early.

↑ thatを使ってthinkと文をつなげるよ。このthatは省略できるよ。

「～ではないと思う」という意味を表すときは…

I'll hear the phone.　私は電話の音が聞こえるでしょう。

↓

I **don't think** (that) I'll hear the phone.

↑ thinkを否定する形にするよ。

ポイント!

形　〈人＋think (that) ～〉／〈人＋don't [doesn't] think (that) ～〉

意味　「(人)は～だと思います」／「(人)は～ではないと思います」

Listen 純とアンの対話を聞き，正しいものに○をつけましょう。 QR

❶ 純は数学が難しいと思っている。 (　　)

❷ 純とアンは歴史が大事だと思っている。 (　　)

❸ サムは歴史に興味はないが，数学と音楽が好きだ。 (　　)

解答

❷

対話文 QR

Jun: I like math. I think math is easy. How about you, Ann?
私は数学が好きです。私は数学はたやすいと思います。あなたはどうですか，アン。

Ann: Well, I think math is difficult. I like history. ええと, 私は数学は難しいと思います。私は歴史が好きです。

Jun: I like history too. I think history is important. 私も歴史が好きです。私は歴史は重要だと思います。

Ann: I think so too. But Sam isn't interested in history. He likes math and P.E.
私もそう思います。でもサムは歴史に興味がありません。彼は数学と体育が好きです。

Speak & Write 友だちの持ち物などをほめ合いましょう。

(例) *A:* I think your pencil case is nice.

B: Thanks. I think your eraser is cute.

例文の訳

A: 私はあなたの筆箱はすてきだと思います。

B: ありがとう。私はあなたの消しゴムはかわいいと思います。

解答例

- *A:* I think your cap is cool. 私はあなたのぼうしはかっこいいと思います。
  B: Thanks. I think your pen is good. ありがとう。あなたのペンはいいと思います。
- *A:* I think your notebook is cute. 私はあなたのノートはかわいいと思います。
  B: Thanks. I think your watch is great. ありがとう。あなたの腕時計はすばらしいと思います。

単語・語句 QR

☐ footprint(s) [フットプリント(フットプリンツ)] 名 足跡
☐ worry [ワーリィ] 動 心配する
☐ easy [イーズィ] 形 たやすい
☐ difficult [ディフィカルト] 形 難しい
☐ history [ヒストゥリィ] 名 歴史
☐ interested [イントゥラスティド] 形 興味がある
☐ case [ケイス] 名 ケース
☐ *go hiking* ハイキングに行く
☐ *be interested in ～* ～に興味がある

(Tryはp.31へ)

2 義務や命令について言えるようになろう。 QR

Scenes の意味

A: ここにごみがあります。
B: なんてことでしょう。拾わなければいけません。

A: 見て。この花はきれいです。
B: あっと，それをつんではいけません。

「～しなければならない」 と義務や命令の意味を表すときは…

We pick it up.　私たちはそれを拾います。

↓

We **must** pick it up.
（pick：原形）

must を使うよ。

「～してはいけない」 と禁止の意味を表すときは…

You **must not** pick the flower.　あなたはその花をつんではいけません。
（pick：原形）

mustのあとに notを置くよ。
短縮形はmustn't [マスント] だよ。

ポイント!

形　〈must＋動詞の原形〉／〈must not＋動詞の原形〉
意味　「～しなければならない」／「～してはいけない」

Listen 3つの対話を聞き，内容に合う絵を選びましょう。 QR

❶ (　　　)　　❷ (　　　)　　❸ (　　　)

a.

b.

c.

d.

解答

❶ d

❷ a

❸ c

対話文 QR

❶ *Girl:* Did you do your English homework?　あなたは英語の宿題をしましたか。

Boy: Yes, but I must do my history homework too.　はい，でも私は歴史の宿題もしなければなりません。

❷ *Boy:* Mom, can I go to Sam's house?　おかあさん，サムの家に行ってもいいですか。

Woman: Yes, but you must clean your room before you go.

ええ，でも行く前にあなたの部屋を掃除しなければいけませんよ。

❸ *Girl:* Dad, I'm hungry. Can I eat something?

おとうさん，お腹がすきました。何か食べてもいいですか。

Man: OK. You can eat the potato chips, but you mustn't eat the cake. It's mine.

いいですよ。ポテトチップスを食べてもいいですが，ケーキは食べてはいけません。それは私のものです。

Speak & Write 自分の学校生活のルールを表現しましょう。

(例) We must leave school by six o'clock.

We must not run in the hallway.

例文の訳

・私たちは6時までに学校を出なければなりません。

・私たちは廊下を走ってはいけません。

解答例

・We must wear a uniform.　私たちは制服を着なければなりません。

We must not forget our homework.　私たちは宿題を忘れてはいけません。

・We must join a club activity.　私たちは部活に入らなければなりません。

We must not speak during class.　私たちは授業中に話してはいけません。

・We must be quiet in this room.　私たちはこの部屋の中では静かにしなければなりません。

We must not come to school by bike.　私たちは自転車で学校に来てはいけません。

単語・語句 QR

□ garbage [ガービヂ] 名 ごみ，(台所の)生ごみ

□ must [マスト] 助 ～しなければならない 助 (*must not* ～で) ～してはいけない

□ uh-oh [アオウ] 間 ああ(驚いたり，困ったときに出る声)

□ mustn't [マスント] ＝must not

□ potato chip(s) [パテイトウ チップ(ス)] 名 ポテトチップ

□ hallway [ホールウェイ] 名 廊下

□ *pick up* ～　～を拾い上げる，手に取る

3 必要性について言えるようになろう。 QR

Scenes の意味

A: 雨が降りそうです。
B: 急がなければなりません。

A: その必要はありません。私はかさを持っています。
B: それは私たちには小さすぎると思います。

「～しなければならない」と必要性や義務の意味を表すには…

We **have to** hurry.
（hurry：原形）

have toを使うよ。haveは[ハヴ]ではなく[ハフ]と発音するよ。

「～する必要はない」という意味を表すには…

We **don't have to** hurry.　私たちは急ぐ必要はありません。
（hurry：原形）

do [does]を使って，have toを否定する形にするよ。

ポイント！

形　〈have [has] to＋動詞の原形〉／〈do [does] not have to＋動詞の原形〉

意味　「～しなければならない」／「～する必要はない」

【疑問文の形！】

Do we **have to** hurry?　私たちは急がなければなりませんか。

do [does] を使って，疑問文にするよ。

── Yes, we do. / No, we don't.　はい，急がなくてはなりません。／いいえ，急ぐ必要はありません。

Listen サムの話を聞き，内容に合う絵を選びましょう。QR

❶ しなければならないこと(　／　)　❷ する必要がないこと(　／　)

a. 

b. 

c. 

d. 

解答

❶ c, b

❷ d, a

英文 QR

Sam: There are eight people in my family. I have to take a bath before 7:00 p.m. My father usually cleans the bathroom. So I don't have to do it. I have to walk my dog every weekend. But I don't have to do it from Monday to Friday.

私の家族は８人です。私は午後７時前におふろに入らなければなりません。父がたいていふろ場を掃除します。だから私はそれをする必要はありません。私は毎週末にイヌの散歩をしなければなりません。でも，月曜日から金曜日までは私はそれをする必要はありません。

Speak & Write しなければならないことを表現し，別の友だちに報告しましょう。

（例） *A:* Kumi, do you have to go to *juku* today?

B: Yes, I do. / No, I don't.

（報告例） Kumi has to [doesn't have to] go to *juku* today.

例文の訳

A: 久美，あなたは今日，塾に行かなければなりませんか。

B: はい，行かなければなりません。／いいえ，行く必要はありません。

久美は今日，塾に行かなければなりません[行く必要はありません]。

解答例

- *A:* Ken, do you have to cook dinner today?　健，あなたは今日，夕食を作らなければなりませんか。

  B: Yes, I do. / No, I don't.　はい，作らなければなりません。／いいえ，作る必要はありません。

  Ken has to [doesn't have to] cook dinner today.

  健は今日，夕食を作らなければなりません[作る必要はありません]。

- *A:* Yumi, do you have to study English today?　由美，あなたは今日，英語を勉強しなければなりませんか。

  B: Yes, I do. / No, I don't.　はい，勉強しなければなりません。／いいえ，勉強する必要はありません。

  Yumi has to [doesn't have to] study English today.

  由美は今日，英語を勉強しなければなりません[勉強する必要はありません]。

単語・語句 QR

□ hurry [ハーリィ] 動 急ぐ

□ *have to* ～　～しなければならない

□ *don't have to* ～　～する必要がない

□ *go to bed*　寝る

(p.27より)

Try

① 表現例

I played basketball when I was an elementary school student.

私は小学生のとき，バスケットボールをしました。

Think

1 カナダの学校に通い始めた美希に，トムが話しかけてきました。 QR

Tom: ❶ Hi《ハイ》, Miki《ミキ》. ❷ How's《ハウズ》 your《ユア》 new《ニュー》 life《ライフ》?

やあ　美希　あなたの新しい生活はどうですか

think のあとに接続詞thatが省略されている。

Miki: ❸ I《アイ》 think《スィンク》 everything《エヴリスィング》 is《イズ》 fine《ファイン》. ❹ Thanks《サンクス》.

私は 思います　すべてがすばらしいと　ありがとう

hear のあとに接続詞thatが省略されている。「私は～だと聞いています」→「～だそうですね」

Tom: ❺ Well《ウェル》, I《アイ》 hear《ヒア》 you《ユー》 like《ライク》 hiking《ハイキング》.

ええと　私は　聞いています　あなたがハイキングが好きだと

❻ Is《イズ》 that《ザット》 true《トゥルー》?

それはほんとうですか

「～のとき…」の文。～にあたるのがI was in Japan，…にあたるのがI sometimes went hikingの部分。

Miki: ❼ Yes《イエス》. ❽ I《アイ》 sometimes《サムタイムズ》 went《ウェント》 hiking《ハイキング》 when《(フ)ウェン》 I《アイ》 was《ワズ》 in《イン》 Japan《ジャパン》.

はい　私は　ときどき　ハイキングに行きました　私がいたとき　日本に

本文の意味

トム：❶やあ，美希。❷新しい生活はどうだい？
美希：❸すべてがすばらしいと思っているわ。❹ありがとう。
トム：❺ええと，きみはハイキングが好きらしいね。❻それってほんとう？
美希：❼そうよ。❽日本にいたときはときどきハイキングに行ったわ。
トム：❾それなら，次の土曜日にハイキングに行かないかい？　❿ぼくのおじのエリックが案内してくれるよ。
美希：⓫すばらしそうね。⓬どこで会う？
トム：⓭ぼくの家に６時に来てもらえる？
美希：⓮わかったわ。⓯その日は晴れるといいわね。

Tom: ❾ Then《ゼン》, why《(フ)ワイ》 don't《ドウント》 we《ウィー》 go《ゴウ》 hiking《ハイキング》 next《ネクスト》 Saturday《サタディ》?
それでは　ハイキングに行きませんか　次の土曜日に

❿ My《マイ》 uncle《アンクル》 Eric《エリック》 will《ウィル》 guide《ガイド》 us《アス》.
私のおじのエリックが　道案内してくれるでしょう　私たちを

Miki: ⓫ Sounds《サウンヅ》 great《グレイト》. ⓬ Where《(フ)ウェア》 will《ウィル》 we《ウィー》 meet《ミート》?
すばらしく聞こえます　どこで　私たちは会いましょうか

Tom: ⓭ Can you《キャニュー》 come《カム》 to《トゥー》 my《マイ》 house《ハウス》 at《アット》 six《スィックス》?
来てもらえますか　私の家に　6時に

Miki: ⓮ OK《オウケイ》! ⓯ I《アイ》 hope《ホウプ》 it'll《イットル》 be《ビー》 clear《クリア》 on《アン》 that《ザット》 day《デイ》.
はい　私は　望みます　その日はよく晴れるだろうということを

hope のあとに接続詞 that が省略されている。「私は～と希望します」→「～だといいですね」

Q

① What will Miki do next Saturday?
次の土曜日に美希は何をするでしょうか。

② Who will guide Tom and Miki?
だれがトムと美希の道案内をするでしょうか。

A

解答例

❶ She will go hiking.
彼女はハイキングに行くでしょう。

❷ Tom's uncle [Eric] will.
トムのおじさん[エリック]がするでしょう。

単語・語句 QR

- □ everything [エヴリスィング] 代 すべてのこと
- □ true [トゥルー] 形 ほんとうの
- □ Eric [エリック] 名 エリック(男子の名)
- □ guide [ガイド] 動 案内する，道案内する

2 美希たちはトムのおじと，バンフ国立公園にやってきました。 QR

Miki: ❶ Ah《アー》, the《ズィ》 air《エア》 is《イズ》 so《ソウ》 fresh《フレッシュ》. ❷ Here《ヒア》 we《ウィー》 go《ゴウ》.

ああ　空気がとても新鮮です　さあ，行きますよ

Eric: ❸ Wait《ウェイト》. ❹ First《ファースト》 of《アヴ》 all《オール》, let's《レッツ》 check《チェック》 the《ザ》 hiking《ハイキング》

待ってください　何よりもまず　確かめましょう　ハイキングのルールを

rules《ルールズ》.

Miki: ❺ “Take《テイク》 only《オウンリィ》 pictures《ピクチャズ》, leave《リーヴ》 only《オウンリィ》 footprints《フットプリンツ》.”

写真だけとってください　足跡だけ残してください

❻ Right《ライト》?

正しいですか

but以下でしてはいけないこと(禁止)を述べている。

Eric: ❼ Yes《イエス》. ❽ We《ウィー》 can《キャン》 take《テイク》 pictures《ピクチャズ》, but《バット》 we《ウィー》

はい　私たちは　とることができます　写真を　しかし　私たちは

must《マスト》 not《ナット》 take《テイク》 anything《エニスィング》 from《フラム》 the《ザ》 forest《フォーリスト》.

とってはいけません　何も　森から

本文の意味

美希：❶ああ，空気がとても新鮮だわ。❷さあ，行きましょう。

エリック：❸待って。❹何よりもまず，ハイキングのルールを確認しよう。

美希：❺「とっていいのは写真だけ，残していいのは足跡だけ。」❻そうでしょう？

エリック：❼うん。❽写真はとっていいけど，森からは何もとってはいけないよ。

トム：❾それからごみは家に持ち帰らないといけない。

美希：❿そうね，もちろんだわ。⓫自然を守らなくちゃね。

エリック：⓬さあ，行こう。⓭何か困ったことがあれば，ぼくに教えてね。

Tom: ❾ And《アンド》 we《ウィー》 must《マスト》 bring《ブリング》 our《アウア》 garbage《ガービヂ》 home《ホウム》.
そして 私たちは 持っていかなければなりません 私たちのごみを 家へ

Miki: ❿ Yes《イエス》, of《アフ》 course《コース》. ⓫ We《ウィー》 must《マスト》 protect《プラテクト》 nature《ネイチャ》.
はい もちろんです 私たちは 守らなければなりません 自然を

Eric: ⓬ Now《ナウ》, let's《レッツ》 move《ムーヴ》. ⓭ If《イフ》 you《ユー》 have《ハヴ》 any《エニィ》 trouble《トゥラブル》,
さあ 移動しましょう もしあなたが何か困りごとがあれば

please《プリーズ》 tell《テル》 me《ミー》.
教えてください 私に

しなくてはならないこと(義務・命令)を述べている。

Q

① What does "leave only footprints" mean?
「足跡だけ残してください」はどんな意味ですか。

② Does Miki love nature?
美希は自然が大好きですか。

A 解答例

❶ It means we must bring our garbage home. [It means we can leave only footprints, but we must not leave anything in the forest.]
それは私たちはごみを家に持ち帰らなくてはならないという意味です。[それは，私たちは足跡だけは残すことができるが，森に何も残してはならないという意味です。]

❷ Yes, she does. (She said, "We must protect nature.")
はい，大好きです。(彼女は「私たちは自然を守らなければなりません。」と言いました。)

単語・語句 QR

- □ rule(s) [ルール(ズ)] 名 規則，ルール
- □ bring [ブリング] 動 持ってくる
- □ protect [プラテクト] 動 守る，保護する
- □ ※move [ムーヴ] 動 動く，移動する(→教科書p.10 動 引っ越す)
- □ trouble [トラブル] 名 困りごと，困難
- □ *Here we go.* さあ，行きますよ。
- □ *first of all* 何よりもまず

Try ② 表現例

I think our school is large. 私は，私たちの学校は大きいと思います。

3 湖の近くにやってきた3人は倒されている木を見つけました。 QR

Miki: ❶ How《ハウ》 terrible《テラブル》! ❷ Who《フー》 cut《カット》 down《ダウン》 this《ズィス》 tree《トゥリー》?

なんてひどいのでしょう　だれがこの木を切り倒したのですか

Tom: ❸ I《アイ》 believe《ビリーヴ》 a《ア》 beaver《ビーヴァ》 did《ディッド》 it《イット》.

私は 思います　ビーバーがそれをしたと

❹ You《ユー》 don't《ドウント》 have to《ハフタ》 worry《ワーリィ》.

あなたは 心配する必要はありません

> する必要がないことを述べている。

Miki: ❺ You《ユー》 know《ノウ》 a《ア》 lot《ラット》 about《アバウト》 beavers《ビーヴァズ》?

あなたは 知っていますか たくさん ビーバーについて

Tom: ❻ Yes《イエス》. ❼ They're《ゼア》 one of《ワナヴ》 Canada's《キャナダズ》 national《ナショヌル》 animals《アナマルズ》.

はい　それらはカナダの国の動物の１つです

> ❺のbeavers「ビーバー」をさしている。

Miki: ❽ Are《アー》 they《ゼイ》? ❾ They《ゼイ》 build《ビルド》 dams《ダムズ》 and《アンド》 lodges《ラッヂィズ》, right《ライト》?

そうなのですか　それらは 建てます ダムや巣を でよろしいですね

本文の意味

美希：❶なんてひどいの！　❷だれがこの木を切り倒したの？

トム：❸ビーバーがやったんだと思う。❹心配することはないよ。

美希：❺ビーバーについてたくさん知っているの？

トム：❻うん。❼ビーバーはカナダの国の動物の１つだよ。

美希：❽そうなの？　❾ビーバーはダムや巣を作るんでしょう？

トム：❿そのとおりだよ。⓫ビーバーはすごい技術者なんだよ。

美希：⓬私たちはビーバーを見られると思う？

トム：⓭見られないと思うな。⓮日中は巣で寝ているんだよ。

美希：⓯それなら静かにしなくちゃね。

Tom: ⑩ Exactly《イグザクトリィ》. ⑪ They're《ゼア》 great《グレイト》 engineers《エンヂニアズ》.

まったくそのとおりです それらはすばらしい技術者です

Miki: ⑫ Do《ドゥー》 you《ユー》 think《スィンク》 we'll《ウィール》 see《スィー》 any《エニィ》 beavers《ビーヴァズ》?

あなたは思いますか 私たちがビーバーを見るだろうと

Tom: ⑬ I don't《アイドウント》 think《スィンク》 so《ソウ》. ⑭ They《ゼイ》 sleep《スリープ》 in《イン》 their《ゼア》 lodges《ラッヂィズ》 during《デュリング》 the《ザ》 day《ディ》.

私は そう思いません 彼らは 寝ています 彼らの巣で 日中は

⑫のwe'll see (any) beavers「私たちがビーバーを見るだろう」ということをさしている。

Miki: ⑮ Then《ゼン》, we《ウィー》 have to《ハフタ》 be《ビー》 quiet《クワイアット》.

それでは 私たちは 静かにしていなければなりません

しなくてはならないこと（必要性・義務）を述べている。

Q

① What do beavers build?
ビーバーは何を建てますか。

② Can Miki and Tom see beavers?
美希とトムはビーバーを見ることができますか。

A 解答例

❶ They build dams and lodges.
それらはダムや巣を建てます。

❷ No, they can't. (Beavers sleep in their lodges during the day.)
いいえ，できません。(ビーバーは日中は彼らの巣で寝ています。)

単語・語句 QR

- □ believe [ビリーヴ] 動 思う，信じる
- □ beaver(s) [ビーヴァ(ズ)] 名 ビーバー
- □ national [ナショヌル] 形 国の
- □ build [ビルド] 動 建てる
- □ dam(s) [ダム(ズ)] 名 ダム
- □ lodge(s) [ラッヂ(ィズ)] 名 (ビーバーなどの)巣
- □ exactly [イグザクトリィ] 副 正確に，(*Exactly.*で)まったくそのとおり。
- □ engineer(s) [エンヂニア(ズ)] 名 技術者，エンジニア
- □ we'll [ウィール] ＝we will
- □ *cut down* ～ ～を切り倒す
- □ *a lot* たくさん

Try ③ 表現例

I must clean my room. 私は自分の部屋を掃除しなければなりません。

Retell

❷

☐ go hiking　☐ Saturday　☐ Tom's uncle　☐ guide

表現例

・Tom and Miki will go hiking next Saturday.　トムと美希は次の土曜日にハイキングに行くでしょう。

・Tom's uncle will guide Tom and Miki.　トムのおじさんがトムと美希を案内してくれるでしょう。

☐ the hiking rules　☐ pictures　☐ footprints

表現例

・Miki, Tom, and Eric checked the hiking rules.
美希，トム，そしてエリックはハイキングのルールを確認しました。

・People can take pictures and leave only their footprints in the forest.
森の中で，人々は写真をとり足跡のみを残すことができます。

☐ one of Canada's national animals　☐ beavers　☐ build　☐ dams and lodges

表現例

・Beavers are one of Canada's national animals.　ビーバーはカナダの国の動物の１つです。

・Beavers build dams and lodges.　ビーバーはダムや巣を作ります。

(p.39より)

単語・語句 QR

☐ should [シュッド，シャド] 助 ～すべきである，～したほうがよい
☐ pet(s) [ペット(ペッツ)] 名 ペット
☐ sharpen [シャーパン] 動 (つめなどを)とぐ，とがらせる
☐ nail(s) [ネイル(ズ)] 名 つめ
☐ furniture [ファーニチャ] 名 家具
☐ ferret [フェレット] 名 フェレット
☐ goldfish [ゴウルドフィッシュ] 名 金魚
☐ hamster [ハムスタァ] 名 ハムスター
☐ parrot [パラット] 名 オウム
☐ squirrel [スクウォーラル] 名 リス
☐ turtle [タートゥル] 名 カメ

Interact

1 Our School Trip

例文と訳

A: I think we should visit Arashiyama. There is a famous bridge in Arashiyama. It's beautiful, and it has a long history.

私たちは嵐山を訪れるべきだと思います。嵐山には有名な橋があります。それは美しく，長い歴史があります。

B: I like your idea, but we should visit Uji too. We can enjoy *matcha* there.

私はあなたのアイディアが気に入っていますが，私たちは宇治も訪れるべきです。私たちはそこで抹茶を楽しむことができます。

2 A Good Pet

① **例文と訳**

A: I think cats are good pets because we don't have to walk them.

散歩をさせる必要がないので，私はネコはよいペットだと思います。

B: I see. But cats often sharpen their nails on furniture. We have to train them.

そうですか。でもネコはよく家具でつめをとぎます。私たちは彼らを訓練しなければなりません。

A: You are right. Then, what's your idea?

そのとおりです。それでは，あなたのアイディアは何ですか。

B: I think rabbits are good because they are small and cute.

小さくてかわいいのでウサギがよいと思います。

表現例

A: I think parrots are good pets because we don't have to walk them.

散歩させる必要がないので，オウムはよいペットだと思います。

B: I see. But parrots often speak. We have to teach some good words to them.

そうですか。でもオウムはよくしゃべります。私たちは彼らによいことばを教えなければなりません。

A: You are right. Then, what's your idea?

そのとおりです。それでは，あなたのアイディアは何ですか。

B: I think goldfish are good because they are quiet.

静かなので金魚がよいと思います。

(単語・語句はp.38へ)

英語のしくみ

1　接続詞that　例文と訳

・The man is a famous writer.　その男性は有名な作家です。

・I think that the man is a famous writer.　私はその男性は有名な作家だと思います。

・I don't think that the man is a famous artist.　私はその男性は有名な芸術家ではないと思います。

Challenge!

日本文に合う英文になるように，(　)内に適切な語を入れましょう。

(1)私は彼女が親切だと思います。　(　　　)(　　　)(　　　) she is kind.

(2)私はすべてがよくなることを望んでいます。　(　　　)(　　　) everything will be fine.

(3)私は，あなたが正しくないと思います。　(　　　)(　　　)(　　　) you are right.

2　must　例文と訳

・I must clean my room.　私は自分の部屋を掃除しなければなりません。

・You must not swim here. (=Don't swim here.)　あなたはここで泳いではいけません。

Challenge!

日本文に合う英文になるように，(　)内の語句を並べかえましょう。

(1)私は今晩宿題をしなければなりません。　(this evening / must / my homework / I / do).

(2)あなたはこの部屋で走ってはいけません。　(in / not / you / this room / must / run).

3　have [has] to　例文と訳

・I have to go to school tomorrow.　私は明日学校に行かなければなりません。

・Do you have to go to school tomorrow?　あなたは明日学校に行かなければなりませんか。

・I don't have to go to school tomorrow.　私は明日学校に行く必要はありません。

Challenge!

日本文に合う英文になるように，(　)内の語を並べかえましょう。

(1)私は優子に電話をしなければなりません。　(Yuko / have / call / to / I).

(2)今日，私は夕食を作らなければなりませんか。　(to / do / make / I / dinner / have) today?

(3)彼は買い物に行く必要はありません。　(doesn't / shopping / go / have / he / to).

(4)彼女は自分の自転車を見つけなければなりません。　(to / she / her / find / bike / has).

(Challenge!の解答はp.44)

Power-Up 1

天気予報を聞こう

教科書 p.26

1 英文 QR

Good evening, this is J.C. Smith for CBC Vancouver. Let's look at the weather for tomorrow.

In Montreal, it'll be sunny in the morning. In the afternoon, it'll be windy. The low will be 2 degrees, and the high will be 14.

In Winnipeg, it'll be rainy all day. The low will be 1 degree, and the high will be 10. You'll need a warm coat.

In Vancouver, it'll be cloudy in the morning. There will be showers in the afternoon. The low will be 4 degrees, and the high will be 13. You'll need a raincoat or umbrella.

In Yellowknife, it'll be snowy in the morning. Later, it'll be sunny in the afternoon. The low will be minus 5 degrees, and the high will be 2.

こんばんは，こちらはCBCバンクーバーのジェイ・シー・スミスです。明日の天気を見てみましょう。

モントリオールでは，朝のうち晴れるでしょう。午後は，風が強まるでしょう。最低気温は２度で最高気温は14度でしょう。

ウィニペグでは，一日じゅう雨になるでしょう。最低気温は１度で最高気温は10度でしょう。暖かいコートが必要になるでしょう。

バンクーバーでは，朝のうちくもりでしょう。午後はにわか雨が降るでしょう。最低気温は４度で最高気温は13度でしょう。レインコートかかさが必要になるでしょう。

イエローナイフでは，朝のうち雪でしょう。後に，午後には晴れるでしょう。最低気温は−５度，最高気温は２度でしょう。

解答 Winnipeg　rainy, 1, 10　　Vancouver　cloudy / showers, 4, 13

Yellowknife　snowy / sunny, −5, 2

2 対話文 QR

Tom: Hi, Miki. It's cold today. I hear the high will be 6 degrees.
やあ，美希。今日は寒いね。最高気温が６度らしいよ。

Miki: Really? Will it snow today?　ほんとうに？　今日は雪が降るのかしら。

Tom: No, it won't. But we'll have showers in the evening.
いいや，降らないよ。でも夕方ににわか雨が降るだろうね。

Miki: I see. How will the weather be tomorrow?　そうなのね。明日はどんな天気になるかしら。

Tom: It'll be cloudy and then sunny.　くもり後晴れだろうね。

Miki: Will it be cold tomorrow too?　明日も寒くなるかしら。

Tom: I don't think so. The low will be 5 degrees, and the high will be 11.
そうは思わないな。最低気温は５度で，最高気温は11度になるんだ。

Miki: I got it. Thanks.　わかったわ。ありがとう。

(解答と単語・語句はp.45へ)

Power-Up 2

電話をかけよう

教科書 p.27

1 対話文 QR

Lisa: Hello, is this Sunshine Junior High School?
こんにちは，こちらはサンシャイン中学校でしょうか。

Staff: Yes. Who's calling, please? はい。どちら様ですか。

Lisa: This is Lisa White speaking. Can I talk to Mr. Davis?
こちらはリサ・ホワイトです。デイビス先生をお願いします。

Staff: Hold on, please. お待ちください。

Mr. Davis: Hello? もしもし。

Lisa: Good morning, Mr. Davis. It's Lisa White in Class 2-B.
おはようございます，デイビス先生。2年B組のリサ・ホワイトです。

Mr. Davis: Oh. Hi, Lisa. What's up? ああ。やあ，リサ。どうしましたか。

Lisa: Sorry, but I'll be late for class. The bus isn't here. Maybe I'll be there after nine o'clock.
すみませんが，私は授業に遅刻します。バスがないのです。おそらく9時過ぎに学校に着くでしょう。

Mr. Davis: OK. Thank you for calling. See you. わかりました。連絡ありがとう。またね。

Lisa: Bye. さようなら。

解答

① a ② c ③ b

2 対話文

Matt: Hello? もしもし。

Kaho: Hello. This is Kaho. May I speak to Matt? もしもし。こちらは果歩です。マットをお願いします。

Matt: Speaking. What's up, Kaho? マットだよ。どうしたの，果歩。

Kaho: Hi, Matt. We have a meeting tomorrow, right? Could you bring your sketchbook? We'll need it.
こんにちは，マット。明日，集まりがあるわよね。スケッチブックを持ってきてもらえる？ それが必要になるわ。

Matt: Sure. Thanks for calling. いいよ。電話してくれてありがとう。

Kaho: See you tomorrow. Bye. また明日ね。さようなら。

3 解答例

① *Yoji:* Hello?　This is Yoji.　May I speak to Judy?
もしもし。こちらは洋二です。ジュディーをお願いします。

Judy: Speaking.　What's up, Yoji?　ジュディーよ。どうしたの，洋二。

Yoji: Hi, Judy.　Can you help me with my homework?
こんにちは，ジュディー。ぼくの宿題を手伝ってもらえる？

Judy: Sure.　もちろんよ。

② *Matt:* Hello?　This is Matt.　May I speak to Kaho?
もしもし。こちらはマットです。果歩をお願いします。

Kaho's mother: Oh, hello, Matt.　Just a moment.　あら，こんにちは，マット。ちょっと待ってね。

Kaho: Hi, Matt.　What's up?　こんにちは，マット。どうしたの？

Matt: Hi, Kaho.　Do you want to go cycling next Sunday?
こんにちは，果歩。次の日曜日にサイクリングに行かない？

Kaho: Sounds fun.　楽しそうね。

③ *Judy:* Hello?　This is Judy.　May I speak to Matt?
もしもし。こちらはジュディーです。マットをお願いします。

Man: Matt?　I think you have the wrong number.　マット？　番号をお間違えのようです。

Judy: Oh, I'm sorry.　ああ，すみませんでした。

単語・語句 QR

- □ Davis [デイヴィス] 名 デイビス(姓)
- □ Sunshine Junior High School [サンシャイン チューニャ ハイ スクール] 名 サンシャイン中学校(架空の中学校の名)
- □ Lisa White [リーサ (フ)ワイト] 名 リサ・ホワイト(架空の人名，リサは女子の名)
- □ late [レイト] 形 遅れた，遅い
- □ maybe [メイビ] 副 たぶん，おそらく
- □ Matt [マット] 名 マット(男子の名)
- □ may [メイ] 助 ～してよい
- □ meeting [ミーティング] 名 会合，集まり
- □ could [クッド，カド] 助 can(～できる)の過去形
- □ sketchbook [スケッチブック] 名 スケッチブック
- □ moment [モウマント] 名 少しの間，一瞬
- □ wrong [ローング] 形 間違っている
- □ *Who's calling?*　(電話で)どちら様ですか。
- □ *Hold on.*　(電話で)お待ちください。
- □ *Good morning.*　おはよう。
- □ *be late for ～*　～に遅れる
- □ *See you.*　またね。[じゃあね。]
- □ *May I ～?*　～してもよろしいですか。
- □ *Could you ～?*　～していただけませんか。
- □ *Just a moment.*　少々お待ちください。

Word Web 1 スープの材料

tomato《タメイトウ》	onion《アニャン》	cabbage《キャビヂ》	carrot《キャラット》	broccoli《ブラックリィ》	pumpkin《パンプキン》
トマト	タマネギ	キャベツ	ニンジン	ブロッコリー	カボチャ
potato《パテイトウ》	mushroom《マッシュルーム》	cheese《チーズ》	bacon《ベイカン》	*kombu*《コンブ》	butter《バタァ》
ジャガイモ	マッシュルーム	チーズ	ベーコン	昆布	バター
salt《ソールト》	pepper《ペパァ》	soy《ソイ》 sauce《ソース》	*miso*《ミソ》		
塩	コショウ	しょうゆ	みそ		

●やってみよう

例文と訳

A: Let's make original soup.　独創的なスープを作りましょう。
B: Sure.　What do you need?　いいですよ。あなたは何が必要ですか。
A: I'd like a carrot, bacon, and a tomato.　私はニンジンとベーコン，トマトがほしいです。
B: Great.　I think it'll be delicious.　いいですね。おいしいだろうと思います。

表現例

A: Let's make original soup.　独創的なスープを作りましょう。
B: Sure.　What do you need?　いいですよ。あなたは何が必要ですか。
A: I'd like an onion, a potato, *kombu* and *miso*.　私はタマネギとジャガイモ，昆布，みそがほしいです。
B: Great.　I think it'll be delicious.　いいですね。おいしいだろうと思います。

Challenge! 解答 (p.40)

1 (1) I think that　(2) I hope　(3) I don't think
2 (1) I must do my homework this evening.　(2) You must not run in this room.
3 (1) I have to call Yuko.　(2) Do I have to make dinner today?
(3) He doesn't have to go shopping.　(4) She has to find her bike.

(p.41より)

解答

① The (a. high) will be ＿6＿ degrees today.　今日は最高気温は６度でしょう。

② We'll have (b. showers) in the evening today.　今日は夕方にはにわか雨が降るでしょう。

③ It'll be (b. cloudy) and then sunny tomorrow.　明日はくもりで後に晴れるでしょう。

④ The low will be ＿5＿ degrees, and the high will be ＿11＿ tomorrow.
明日は最低気温は５度で，最高気温は11度でしょう。

単語・語句 QR

□ windy［**ウィ**ンディ］形 風のある，風の強い

□ temperature［**テ**ンプラチャ］名 温度，気温

□ low［**ロ**ウ］名（温度などの）最低値

□ Montreal［マントゥリ**オ**ール］名 モントリオール（カナダの都市）

□ Winnipeg［**ウィ**ナペグ］名 ウィニペグ（カナダの都市）

□ Vancouver［ヴァン**ク**ーヴァ］名 バンクーバー（カナダの都市）

□ Yellowknife［**イェ**ロウナイフ］名 イエローナイフ（カナダの都市）

□ J. C. Smith［**ヂ**ェイ **スィ**ー ス**ミ**ス］名 ジェイ・シー・スミス（架空の人名）

□ CBC［スィービィー**スィ**ー］名 シービーシー（放送局名）

□ degree(s)［ディグ**リ**ー（ズ）］名 度（温度の単位）

□ coat［**コ**ウト］名 コート，外とう

□ raincoat［**レ**インコウト］名 レインコート

□ later［**レ**イタァ］副 あとで，後に

□ minus［**マ**イナス］形 氷点下の，マイナスの

□ *Good evening.*　こんばんは。

Taste of Culture

Scenes

1 自分のしたいことが言えるようになろう。 QR

Scenes の意味

A: あなたはダンス部に入っているのですか。	*A:* あなたが踊るところを見たいですね。
B: はい。私はヒップホップダンスが好きです。	*B:* いいですよ。

「～すること」と言うときは…

I <u>want</u> **to see** your performance.

「望む」　「あなたのパフォーマンスを見ること(を)」→「あなたのパフォーマンスを見たい」

↑ **〈to＋動詞の原形〉の形で表すよ。名詞の働きをしているよ。**

ポイント!

形 〈to＋動詞の原形〉

意味 「～すること」

【toのあとの動詞の形に注意!】

He wants to **see** your performance.　彼はあなたのパフォーマンスを見たいと思っています。

want＋s

↑ **主語が何であってもtoのあとは動詞の原形だよ。**

Listen アンの話を聞き，内容に合う絵に○をつけましょう。 QR

a. (　　　)

b. (　　　)

c. (　　　)

d. (　　　)

解答

b, d

英文 QR

Ann: I like to play tennis. My tennis shoes are new, but my racket is old. So I want a new one. I want to buy a light racket, but it's expensive. I hope to get a good one for my birthday present.

私はテニスをするのが好きです。私のテニスシューズは新しいですが，ラケットは古いです。だから私は新しいものがほしいです。私は軽いラケットを買いたいですが，それは高いです。私はよいものを誕生日プレゼントに手に入れることを望んでいます。

Speak & Write 週末にしたいことを表現しましょう。

（例） *A:* What do you want to do this weekend?

B: I want to go fishing.

例文の訳

A: この週末にあなたは何をしたいと思っていますか。

B: 私は釣りに行きたいと思っています。

解答例

- *A:* What do you want to do this weekend?　この週末にあなたは何をしたいと思っていますか。
  B: I want to go shopping.　私は買い物に行きたいと思っています。
- *A:* What do you want to do this weekend?　この週末にあなたは何をしたいと思っていますか。
  B: I want to play with my dog.　私は私のイヌと遊びたいと思っています。
- *A:* What do you want to do this weekend?　この週末にあなたは何をしたいと思っていますか。
  B: I want to see a movie.　私は映画を見たいと思っています。

単語・語句 QR

□ taste [テイスト] 名 風味，味わい

□ hip-hop [ヒップハップ] 名 ヒップホップ(音楽のジャンルの１つ)

□ racket [ラケット] 名 ラケット

□ expensive [イクスペンスィヴ] 形 高価な，高い

□ present [プレズント] 名 贈り物，プレゼント

Try ① 表現例

(例：A -1) My favorite food is ice cream.　私の大好きな食べ物はアイスクリームです。

2 動作について言えるようになろう。 QR

Scenes の意味

A: あなたのダンスのステップはすばらしいです。
B: ありがとう。私は毎日踊ることを楽しんでいます。

A: 今日は数学のテストがありますね。
B: その話をするのはやめてください。

「～すること」と言うときは…

I <u>enjoy</u> **dancing** every day.
「楽しむ」　「踊ること」→「踊ることを楽しむ」「踊って楽しむ」

〈to＋動詞の原形〉だけではなく，〈動詞の-ing形〉でも表せるよ。

Please <u>stop</u> **talking** about the math quiz.
「やめる」「数学のテストについて話すこと」→「数学のテストについて話すのをやめる」

ポイント!

形　〈動詞の-ing形〉
意味　「～すること」

【進行形との違いに注意！】

He **is playing** the guitar now.　彼は今ギターをひいています。
〈be動詞＋動詞の-ing形〉
「～している」の意味だよ。

【「～すること」を表す形！】

・like [start]＋〈to＋動詞の原形〉
　　　　　　　　〈動詞の-ing形〉 ← likeやstartのうしろにはどちらも置くことができるよ。

・enjoy [finish]＋〈動詞の-ing形〉 ← enjoyやfinishのうしろには〈動詞の-ing形〉しか置けないよ。

Listen 純が姉と弟について話しています。内容に合うものを選びましょう。QR

❶ 姉は毎日マンガを（ 読むこと ／ 描くこと ）を楽しんでいる。

❷ 弟は野球を（ すること ／ 見ること ）が好き。

解答

❶ 読むこと

❷ 見ること

英文 QR

Jun: My sister likes *manga*. She enjoys reading *manga* every day. She sometimes draws her favorite characters in her notebook. My brother likes baseball. He likes watching baseball games. His favorite team is the Lions. He is very happy when the Lions win.

私の姉はマンガが好きです。彼女は毎日，マンガを読んで楽しんでいます。彼女はときどき，ノートに大好きなキャラクターを描きます。私の弟は野球が好きです。彼は野球の試合を見るのが好きです。彼のお気に入りのチームはライオンズです。彼はライオンズが勝つととてもうれしいです。

Speak & Write この前の日曜日に楽しんだことを表現しましょう。▶ アクションカード

（例） *A:* I enjoyed seeing a movie last Sunday.

B: Great. I enjoyed playing basketball.

例文の訳

A: 私はこの前の日曜日に映画を見て楽しみました。

B: すばらしいですね。私はバスケットボールをして楽しみました。

解答例

・*A:* I enjoyed playing the guitar last Sunday. 私はこの前の日曜日にギターをひいて楽しみました。

B: Great. I enjoyed listening to music. すばらしいですね。私は音楽を聞いて楽しみました。

・*A:* I enjoyed reading *manga* last Sunday. 私はこの前の日曜日にマンガを読んで楽しみました。

B: Great. I enjoyed playing video games. すばらしいですね。私はテレビゲームをして楽しみました。

・*A:* I enjoyed making a cake last Sunday. 私はこの前の日曜日にケーキを作って楽しみました。

B: Great. I enjoyed playing baseball. すばらしいですね。私は野球をして楽しみました。

単語・語句 QR

□ step(s) [ステップ(ス)] 名 (複数形で) (ダンスの) ステップ

□ quiz [クウィズ] 名 小テスト

□ character [キャラクタァ] 名 (劇・小説・マンガなどの) 登場人物，キャラクター

□ Lions [ライアンズ] 名 (theをつけて) ライオンズ (チームの名)

3 行動の目的を言えるようになろう。何をするためのものか言えるようになろう。 QR

Scenes の意味

A: 私はダンスを勉強しにニューヨークに行くつもりです。
B: ああ，ブロードウェイのダンサーになるつもりですか。
A: はい。私にはすることがたくさんあります。
B: がんばってください。

「～するために」 と動作の目的を表すときは…

I'll go to New York.　私はニューヨークに行こうと思います。

I'll go to New York **to study** dance.

〈to＋動詞の原形〉で表すよ。

ポイント!

形　〈to＋動詞の原形〉　**意味**　「～するために」

「～するべき…」 と前にある名詞を説明するときは…

I have a lot of things **to do**.

〈to＋動詞の原形〉を説明する名詞(things)のうしろに置くよ。

「たくさんのこと」　「するべき」→「するべきたくさんのこと」

ポイント!

形　〈to＋動詞の原形〉　**意味**　「～する(ための／べき)…」

Listen サムがクイズを出しています。内容に合う食べ物を選びましょう。 QR

❶（　　　）　❷（　　　）　❸（　　　）

a.

b.

c.

d.

解答

❶ b

❷ c

❸ a

英文 QR

❶ *Sam:* This is something to eat. We often use this to cook *miso* soup. It's white and soft.
これは何か食べるものです。私たちはしばしばこれをみそ汁を作るのに使います。それは白くてやわらかいです。

❷ *Sam:* This is something to eat. It's soft. We use this to make sandwiches.
これは何か食べるものです。それはやわらかいです。私たちはこれをサンドイッチを作るのに使います。

❸ *Sam:* This is something to drink. It's white. We use this to make cheese.
これは何か飲むものです。それは白いです。私たちはこれをチーズを作るのに使います。

Speak & Write 例を参考に，クイズを作りましょう。

（例1）We visit this place to see animals.

（例2）It's something to eat. It's yellow. It's sweet.

例文の訳

（例１）私たちは動物を見るためにこの場所を訪れます。

（例２）それは何か食べるものです。それは黄色いです。それは甘いです。

解答例

- We visit this place to take a train.　私たちは電車に乗るためにこの場所を訪れます。
- We visit this place to buy a book.　私たちは本を買うためにこの場所を訪れます。
- We visit this place to have dinner.　私たちは夕食を食べるためにこの場所を訪れます。
- It's something to drink. It's black. It's bitter.　それは何か飲むものです。それは黒いです。それは苦いです。
- It's something to eat. It's yellow. It's sour.
それは何か食べるものです。それは黄色いです。それはすっぱいです。
- It's something to eat. It's brown. It's sweet.
それは何か食べるものです。それは茶色いです。それは甘いです。

単語・語句 QR

□ New York［ニュー ヨーク］名 ニューヨーク（アメリカの都市，または州）

□ Broadway［ブロードウェイ］名 ブロードウェイ（ニューヨーク市を南北に走る大通りのひとつで，一流劇場が多く集まっている地区）

□ *Go for it.*　がんばって。

Think

1 真央たちは地域のお祭りにやってきました。 QR

Daniel: ❶ Wow《ワウ》, there《ゼア》 are《アー》 so《ソウ》 many《メニィ》 food《フード》 stands《スタンヅ》 here《ヒア》.

（うわー／あります／とてもたくさんの食べ物の屋台が／ここに）

〈want to＋動詞の原形〉の形。

Mao: ❷ Yes《イエス》. ❸ I《アイ》 want to《ワントゥー》 eat《イート》 an “American《アナメリカン》 dog《ドーグ》.”

（はい／私は／食べたいです／「アメリカンドッグ」を）

Daniel: ❹ An “American《アナメリカン》 dog《ドーグ》”? ❺ Ah《アー》, you《ユー》 mean《ミーン》 a《ア》 corn《コーン》 dog《ドーグ》!

（「アメリカンドッグ」ですか／ああ／あなたは／意味しています／corn dogを）

〈want to＋動詞の原形〉の疑問文。食べたいものをたずねている。

Mao: ❻ A《ア》 corn《コーン》 dog《ドーグ》! ❼ I《アイ》 see《スィー》. ❽ What《(フ)ワット》 do you《ドゥーユー》 want to《ワントゥー》 have《ハヴ》?

（corn dogですね／なるほど／何を／あなたは食べたいですか）

〈want to＋動詞の原形〉の形。
sweetがうしろからsomething を修飾している。

Daniel: ❾ I《アイ》 want to《ワントゥー》 have《ハヴ》 something《サムスィング》 sweet《スウィート》.

（私は／食べたいです／何か甘いものを）

本文の意味

ダニエル：❶うわー，とてもたくさんの食べ物の屋台がここにあるね。

真央：❷そうね。❸「アメリカンドッグ」が食べたいな。

ダニエル：❹「アメリカンドッグ」って？ ❺ああ，corn dogのことだね！

真央：❻corn dog って言うのね！ ❼なるほど。❽あなたは何が食べたい？

ダニエル：❾ぼくは何か甘いものが食べたいな。

真央：❿それなら，綿あめはどう？

ダニエル：⓫ああ，英語ではcotton candyだよ。⓬アメリカ生まれなんだ。

真央：⓭そうなの？ ⓮知らなかったわ。

Mao: ❿ Then《ゼン》, how《ハウ》 about《アバウト》 *wata-ame*《ワタアメ》?
それでは　綿あめはどうですか

Daniel: ⓫ Ah《アー》, it's《イッツ》 cotton《カトン》 candy《キャンディ》 in《イン》 English《イングリッシュ》.
ああ　それはcotton candyです　英語では

⓬ It's《イッツ》 from《フラム》 the《ザ》 U.S.《ユーエス》
それはアメリカ合衆国出身です

Mao: ⓭ Is《イズ》 it《イット》? ⓮ I《アイ》 didn't《ディドント》 know《ノウ》 that《ザット》.
そうなのですか　私は　知りませんでした　それを

⓬の内容「綿あめがアメリカから来ている」ことをさしている。

Q

① What is an “American dog” in English?
「アメリカンドッグ」は英語では何ですか。

② Where is *wata-ame* from?
綿あめはどこから来ていますか。

A 解答例

❶ It is a corn dog.
それはcorn dogです。

❷ It is from the U.S.
それはアメリカ合衆国から来ています。

単語・語句 QR

□ corn dog［コーンドーグ］名 アメリカンドッグ(トウモロコシ粉をつけて油で揚げ，串刺しにしたウインナソーセージ)

□ cotton candy［カトン キャンディ］名 綿あめ

2 2人の対話は続きます。 QR

〈enjoy＋動詞の-ing形〉の形。

聞き手のダニエルを含めたアメリカの人々をさしている。

話し手のダニエルを含めたアメリカの人々をさしている。

Mao: ❶ Do《ドゥー》 people《ピープル》 in《イン》 the《ザ》 U.S.《ユーエス》 enjoy《インヂョイ》 street《ストゥリート》 food《フード》 too《トゥー》?

アメリカ合衆国の人々は楽しみますか　屋台の食べ物を　もまた

Daniel: ❷ Yes.《イェス》 ❸ There《ゼア》 are《アー》 many《メニィ》 street《ストゥリート》 vendors《ヴェンダァズ》

はい　います　たくさんの屋台の物売りが

in《イン》 New《ニュー》 York《ヨーク》. ❹ We《ウィー》 enjoy《インヂョイ》 eating《イーティング》 outside《アウトサイド》.

ニューヨークには　私たちは　楽しみます　食べることを　外で

Mao: ❺ What《(フ)ワット》 kind《カインド》 of《アヴ》 food《フード》 do《ドゥー》 you《ユー》 have《ハヴ》?

どんな種類の食べ物を　あなたたちは持っていますか

Daniel: ❻ We《ウィー》 have《ハヴ》 pretzels《プレツァルズ》, lobster《ラブスタァ》 rolls《ロウルズ》, *ramen*《ラーメン》

私たちは　持っています　プレッツェルや，ロブスターロール，ラーメンバーガーなどを

burgers《バーガァズ》, and《アンド》 so《ソウ》 on《オン》.

本文の意味

真央：❶アメリカの人たちも屋台の食べ物を楽しむの？

ダニエル：❷うん。❸ニューヨークには屋台の商人がたくさんいるよ。❹ぼくたちは外で食べるのを楽しむんだよ。

真央：❺どんな食べ物があるの？

ダニエル：❻プレッツェルに，ロブスターロール，ラーメンバーガーとかだよ。

真央：❼ラーメンバーガー？　❽それはどんなものなの？

ダニエル：❾小型パンの代わりにラーメンのめんを使うんだ。

真央：❿おいしそうね。⓫うーん，よだれが出てくるわ。

Mao: ❼ *Ramen*《ラーメン》 burgers《バーガァズ》? ❽ What《(フ)ワット》 are《アー》 they《ゼイ》 like《ライク》?
ラーメンバーガーですか　それらはどのようなものですか

Daniel: ❾ They《ゼイ》 use《ユーズ》 *ramen*《ラーメン》 noodles《ヌードルズ》 instead《インステッド》 of《アヴ》 buns《バンズ》.
それらは　使います　ラーメンのめんを　小型パンの代わりに

Mao: ❿ Sounds《サウンヅ》 delicious《ディリシャス》. ⓫ Mmm《ンンン》, my《マイ》 mouth《マウス》 is《イズ》 watering《ウォータリング》.
おいしそうに聞こえます　うーん　私の口は　よだれが出ています

they は ❼ の *Ramen* burgersをさしている。likeは「～のような」という意味。

Q

① What can people see on streets in New York?
ニューヨークの通りでは人々は何を見ることができますか。

② Does Mao want to eat a *ramen* burger?
真央はラーメンバーガーが食べたいと思っていますか。

A 解答例

❶ They can see many street vendors.
多くの屋台の商人を見ることができます。

❷ Yes, she does. (She says "Sounds delicious.")
はい，思っています。(彼女は「おいしそうに聞こえます。」と言っています。)

単語・語句 QR

- □ vendor(s) [ヴェンダァ(ズ)] 名 物売り
- □ pretzel(s) [プレツァル(ズ)] 名 プレッツェル(塩味のカリッとしたビスケット)
- □ lobster [ラブスタァ] 名 ロブスター(大型の食用エビ)
- □ noodle(s) [ヌードゥル(ズ)] 名 めん類，ヌードル
- □ instead [インステッド] 副 その代わりに
- □ bun(s) [バン(ズ)] 名 ハンバーガーやホットドッグ用の小型パン
- □ ～, *and so on*　～など
- □ *instead of* ～　～の代わりに

Try ② 表現例

I want to go to China because I like Chinese food.
私は中華料理が好きなので，中国に行ってみたいです。

3 いろいろな国の屋台に興味をもった真央がクラスで発表します。 QR

❶ Look at《ルッカト》 this《ズィス》 picture《ピクチャ》.
この写真を見てください

❷ It《イット》 looks《ルックス》 like《ライク》 *sashimi*《サシミ》.
それは 刺身のように見えます

❸ You《ユー》 can《キャン》 enjoy《インヂョイ》 this《ズィス》 food《フード》 at《アット》 food《フード》 stands《スタンヅ》 in《イン》 the《ザ》 Netherlands《ネザァランヅ》.
あなたたちは 楽しむことができます この食べ物を 食べ物の屋台で オランダの

❹ This is a《ズィスィザ》 traditional《トゥラディショヌル》 Dutch《ダッチ》 food《フード》.
これは 伝統的なオランダの食べ物です

❺ Some《サム》 people《ピープル》 use《ユーズ》 toothpicks《トゥースピックス》 to《トゥー》 eat《イート》 it《イット》.
つまようじを使う人もいます それを食べるために

to eat it「それ(＝オランダの伝統的な食べ物)を食べるために」は，つまようじを使う目的を表している。

❻ Others《アザァズ》 enjoy《インヂョイ》 it《イット》 in《イン》 “the《ザ》 Dutch《ダッチ》 way《ウェイ》.”
それを楽しむ人もいます 「オランダの方法」で

本文の意味

❶この写真を見てください。❷それは刺身のように見えます。❸この食べ物はオランダの食べ物の屋台で楽しむことができます。

❹これは伝統的なオランダの食べ物です。❺それを食べるのにつまようじを使う人もいます。❻「オランダの方法」でそれを楽しむ人もいます。

❼世界じゅうには，食べてみるべきたくさんの種類の屋台の食べ物があります。❽私は，屋台の食べ物はそれぞれの国の食文化を表していると思います。

❼ Around《アラウンド》 the《ザ》 world《ワールド》 there《ゼア》 are《アー》 many《メニィ》 kinds《カインヅ》 of《アヴ》 street《ストゥリート》 food《フード》 to《トゥー》 try《トゥライ》. ❽ I《アイ》 think《スィンク》 street《ストゥリート》 food《フード》 shows《ショウズ》 each《イーチ》 country's《カントゥリィズ》 food《フード》 culture《カルチャ》.

Around the world　世界じゅうに
there are　あります
many kinds of street food　たくさんの種類の屋台の食べ物が
to try　食べてみるべき
I　私は
think　思います
street food shows each country's food culture　屋台の食べ物はそれぞれの国の食べ物の文化を示していると

to try「食べてみるべき」は直前のmany kinds of street food「たくさんの種類の屋台の食べ物」を説明している。

thinkのあとに接続詞のthatが省略されている。

Q

① What is Mao talking about?
真央は何について話していますか。

② What does Mao think about street food?
真央は屋台の食べ物についてどのように考えていますか。

A 解答例

❶ She is talking about a traditional Dutch food.
彼女は伝統的なオランダの食べ物について話しています。

❷ She thinks it shows each country's food culture.
彼女はそれはそれぞれの国の食べ物の文化を示していると考えています。

単語・語句 QR

- □ Netherlands [ネザァランヅ] 名 (theをつけて)オランダ(Hollandの正式名)
- □ Dutch [ダッチ] 形 オランダ(人)の
- □ toothpick(s) [トゥースピック(ス)] 名 つまようじ
- □ each [イーチ] 形 それぞれの
- □ *look like* ～　～のように見える
- □ *Some* ～. *Others* ....　～もいれば，…もいる。
- □ *around the world*　世界じゅうに[で]

Try

③ 表現例

I enjoyed traveling abroad last year.
私は昨年，外国へ旅行して楽しみました。

Retell

❷

□ many food stands　□ festival　□ a corn dog

表現例

・Daniel and Mao see many food stands at the festival.
　ダニエルと真央は祭りでたくさんの食べ物の屋台を目にします。
・A corn dog is an "American dog" in Japan.
　corn dogとは日本の「アメリカンドッグ」のことです。

□ street vendors in New York　□ enjoy　□ eat outside

表現例

・We can see many street vendors in New York.
　私たちはニューヨークでたくさんの屋台の商人を見ることができます。
・People enjoy eating outside.
　人々は屋外で食べることを楽しみます。

□ a traditional food like *sashimi*　□ the Netherlands　□ in "the Dutch way"

表現例

・This Dutch food of the picture is a traditional food like *sashimi*.
　写真のこのオランダの食べ物は刺身のような伝統的な食べ物です。
・People can enjoy this food at food stands in the Netherlands.
　人々はこの食べ物をオランダの食べ物の屋台で楽しむことができます。
・Some people enjoy this food in "the Dutch way."
　「オランダの方法」でこの食べ物を楽しむ人もいます。

Interact

1 Your Dream ①

例文と訳

A: What do you want to be in the future?
あなたは将来何になりたいですか。

B: I want to be a farmer. I want to grow healthy vegetables. How about you?
私は農業従事者になりたいです。私は健康によい野菜を育てたいです。あなたはどうですか。

A: I want to be a voice actor because I like watching *anime*.
私はアニメを見るのが好きなので声優になりたいです。

B: Great. I hope your dream will come true.
すばらしいですね。あなたの夢が実現するといいですね。

2 Your Dream ②

① 例文と訳

I want to be a farmer to grow healthy vegetables. I have a lot of things to do. I have to learn about vegetables, soil, and farm machines. I'll do my best.

私は健康によい野菜を育てるために農業従事者になりたいと思っています。私にはすることがたくさんあります。私は野菜や土，そして農場機械について学ばなくてはなりません。私はベストをつくすつもりです。

単語・語句 QR

- □ healthy ［ヘルスィ］ 形 健康によい
- □ voice ［ヴォイス］ 名 声
- □ actor ［アクタァ］ 名 役者
- □ soil ［ソイル］ 名 土壌，土
- □ farm ［ファーム］ 名 農場
- □ machine(s) ［マシーン(ズ)］ 名 機械
- □ *in the future* 将来に［は］
- □ *come true* 実現する

英語のしくみ

1 〈to＋動詞の原形〉(不定詞)　例文と訳

1. 名詞的用法

・Ken wants to play baseball.　健は野球をしたいと思っています。

・Our plan is to swim this afternoon.　私たちの計画は今日の午後に泳ぐことです。

・To play soccer is fun.　サッカーをすることは楽しいです。

2. 副詞的用法

・I went to Hokkaido to see my uncle.　私はおじに会うために北海道へ行きました。

3. 形容詞的用法

・Daniel has a lot of books to read.　ダニエルは読むべき本がたくさんあります。

Challenge!

日本文に合う英文になるように，(　)内の語句を並べかえましょう。

(1)私は牛乳を買うためにスーパーマーケットへ行きました。

(went / to / to / I / buy / the supermarket) some milk.

(2)彼は何か飲むものを持っています。

He (something / drink / to / has).

(3)私のアイディアは休みに沖縄に行くことです。

(Okinawa / is / to / to / my idea / go) during the vacation.

2 〈動詞の-ing形〉(動名詞)　例文と訳

・Playing tennis is interesting.　テニスをすることはおもしろいです。

・I enjoyed eating lunch with my friends.　私は友だちといっしょに昼食を食べて楽しみました。

・My hobby is watching baseball games.　私の趣味は野球の試合を見ることです。

●目的語に不定詞を使う動詞，動名詞を使う動詞

1. I like to play soccer.　私はサッカーをすることが好きです。

   I like playing soccer.　私はサッカーをすることが好きです。

2. I want to see the movie.　私はその映画が見たいです。

3. We finished cleaning the room.　私たちは部屋を掃除することを終えました。

Challenge!

日本文に合う英文になるように，(　)内の語句を並べかえましょう。

(1)私の兄は昨年，野球をするのをやめました。

(baseball / my brother / playing / stopped) last year.

(2)毎日ピアノを練習することが重要です。

(the piano / important / practicing / is / every day).

(3)私の仕事は中学校で理科を教えることです。

(science / my / is / job / teaching) at a junior high school.

(Challenge!の解答はp.61)

Steps 2 文章の構成を考えよう

教科書 p.38

1 英文と訳

ⓐ First, I want to see Big Ben. It's a tall clock tower.
第１に，私はビッグベンを見てみたいです。それは背の高い時計塔です。

ⓑ I want to go to London. I have two reasons.
私はロンドンに行ってみたいです。２つの理由があります。

ⓒ I'm going to talk about my dream trip. 私は夢の旅行について話します。

ⓓ I think I can learn a lot in London. Thank you.
私は，ロンドンでたくさん学ぶことができると思います。ありがとうございました。

ⓔ Second, I want to visit the British Museum. I can see many old things there.
第２に，私は大英博物館を訪れたいです。そこではたくさんの古いものを見ることができます。

解答

(ⓒ)→(ⓑ)→(ⓐ)→(ⓔ)→(ⓓ)

2 解答

導入(ⓒ)

展開(ⓑ, ⓐ, ⓔ)

まとめ(ⓓ)

単語・語句 QR

□ Big Ben [ビッグ ベン] 名 ビッグベン(イギリス国会議事堂の時計塔にある大きな鐘の愛称)

□ tall [トール] 形 背の高い

□ tower [タウア] 名 塔，タワー

□ British Museum [ブリティッシュ ミューズィーアム] 名 (theをつけて)大英博物館

Challenge! 解答 (p.60)

1 (1) I went to the supermarket to buy some milk. (2) He has something to drink.
(3) My idea is to go to Okinawa during the vacation.

2 (1) My brother stopped playing baseball last year.
(2) Practicing the piano every day is important.
(3) My job is teaching science at a junior high school.

Our Project 4 「夢の旅行」を企画しよう

教科書 p.39 ~ p.43

1

① 対話文 QR

Momoko: We think that Tahiti is a wonderful place to visit. If you visit Tahiti, you'll have a great time. There are three reasons.

Takeshi: First, you can enjoy swimming with turtles. It's very exciting because you can see turtles up close. They are very friendly.

Moe: Second, you can stay in a nice cottage. You can jump into the sea from your room.

Daisuke: Lastly, you can enjoy eating fresh fruit. Do you like coconuts? Coconut cookies are popular among tourists. They are delicious.

Moe: How do you like our plan? We believe that you'll have a wonderful time in Tahiti! Thank you for listening.

(スピーチを聞いたあとのやりとり)

Student 1: I want to swim with turtles. Can we touch them?

Takeshi: Sorry, you mustn't touch them.

Student 2: Can I go surfing?

Momoko: Yes, of course. There are many good spots in Tahiti.

桃子：私たちは，タヒチが訪れるのにすばらしい場所だと考えています。もしタヒチを訪れれば，あなたはすばらしい時間を過ごすでしょう。3つの理由があります。

武史：第1に，あなたは海ガメといっしょに泳いで楽しむことができます。海ガメをすぐ近くで見られるのでとてもわくわくします。海ガメたちはとても親しみやすいです。

萌：第2に，あなたはすてきな小別荘に滞在することができます。自分の部屋から海に飛び込むことができます。

大介：最後に，新鮮なくだものを食べて楽しむことができます。ココナッツは好きですか。ココナッツクッキーは観光客の間で人気があります。おいしいです。

萌：私たちの計画は気に入りましたか。タヒチではすばらしい時間を過ごせると私たちは信じています。ご清聴ありがとうございました。

(スピーチを聞いたあとのやりとり)

生徒1：私は海ガメといっしょに泳いでみたいです。海ガメにさわることができますか。

武史：すみません，海ガメにはさわってはいけません。

生徒2：サーフィンをしに行くことはできますか。

桃子：はい，もちろんです。タヒチにはたくさんのよい場所があります。

解答

・旅行先はどこですか。

タヒチ

・そこでは何ができますか。

海ガメと泳げる。／海ガメをすぐ近くで見ることができる。／すてきな小別荘に滞在できる。／小別荘の部屋から海に飛び込むことができる。／新鮮なくだものを食べることができる。

・プレゼンテーションのあとにどんな質問が出ていましたか。

海ガメにさわることができるか。／サーフィンをしに行くことができるか。

2

② 例文と訳

・You should go to Tahiti. This is our dream plan.
あなたはタヒチに行くべきです。これは私たちの夢の計画です。

・Why ~? なぜ~ですか。

・What can I do? 私は何をすることができますか。

・I want to ~. Can I do that? 私は~したいです。私はそれをすることができますか。

3

① 例文と訳

・We think that Tahiti is a wonderful place to visit ....
私たちは，タヒチが訪れるのにすばらしい場所だと考えています…。

・First, you can enjoy swimming with turtles ....
第１に，あなたは海ガメといっしょに泳いで楽しむことができます…。

・Second, you can stay in a nice cottage ....
第２に，あなたはすてきな小別荘に滞在することができます…。

・Lastly, you can enjoy eating fresh fruit ....
最後に，あなたは新鮮なくだものを食べるのを楽しむことができます…。

・How do you like our plan? .... Thank you for listening.
私たちの計画は気に入りましたか。…ご清聴ありがとうございました。

単語・語句 QR

(教科書p.40)

□ Tahiti [ターヒーティ] 名 タヒチ(島)

□ cottage [カテッヂ] 名 小別荘，小ロッジ

□ coconut(s) [コウカナット(コウカナッツ)] 名 ココナッツ

□ cookie(s) [クッキィ(ズ)] 名 クッキー

□ among [アマング] 前 ~の間で[に]，~の中で[に]

□ tourist(s) [トゥリスト(トゥリスツ)] 名 旅行者，観光客

□ spot(s) [スパット(スパッツ)] 名 場所，地点

□ *up close* すぐ近くで[に]

(教科書p.41)

□ seafood [スィーフード] 名 シーフード，海産物

□ sky [スカイ] 名 空

Reading ❶ Gon, the Little Fox

教科書 p.44～p.47

「～すること」という意味を表す〈to ＋動詞の原形〉。「～することを決定した」→「～することに決めた」

andは，took ～と picked ～をつないでいて，２つを連続して行ったことを表している。

QR **1** ❶ One《ワン》 day《ディ》, Gon《ゴン》 went《ウェント》 down《ダウン》 to《トゥー》 the《ザ》 river《リヴァ》. ❷ He《ヒー》
ある日　ごんは　行きました　川へ　彼は

saw《ソー》 Hyoju《ヒョウジュウ》. ❸ He《ヒー》 was《ワズ》 catching《キャッチング》 fish《フィッシュ》 and《アンド》 eels《イールズ》. ❹ Gon《ゴン》
見ました　兵十を　彼は　つかまえていました　魚とウナギを　ごんは

decided《ディサイディド》 to《トゥー》 play《プレイ》 a《ア》 trick《トゥリック》 on《アン》 him《ヒム》.
することを決定しました　いたずらを　彼に

2 ❺ Gon《ゴン》 took《トゥック》 the《ザ》 fish《フィッシュ》 out《アウト》 of《アヴ》 Hyoju's《ヒョウジュウズ》 basket《バスケット》 and《アンド》
ごんは　魚を取り出しました　兵十のかごから　そして

picked《ピックト》 up《アップ》 the《ズィ》 eel《イール》 by《バイ》 his《ヒズ》 teeth《ティース》. ❻ Just《ヂャスト》 then《ゼン》 Hyoju《ヒョウジュウ》
ウナギを拾い上げました　彼の歯で　ちょうどそのとき　兵十が

came《ケイム》 back《バック》 and《アンド》 shouted《シャウティド》, “Hey《ヘイ》, you《ユー》 sly《スライ》 fox《フォックス》!” ❼ Gon《ゴン》
戻ってきました　そして　叫びました　おい　お前は悪賢いキツネ　ごんは

jumped《ヂャンプト》 up《アップ》 and《アンド》 ran away《ラナウェイ》 with《ウィズ》 the《ズィ》 eel《イール》.
跳びあがりました　そして　逃げました　ウナギといっしょに

本文の意味

1 ❶ある日，ごんは川へ行きました。❷彼は兵十を見かけました。❸兵十は魚とウナギをつかまえていました。❹ごんは彼にいたずらをすることに決めました。

2 ❺ごんは兵十のかごから魚を取り出して，ウナギを自分の歯で拾い上げました。❻ちょうどそのとき，兵十が戻ってきて叫びました。「おい，この悪賢いキツネめ！」❼ごんは跳びあがってウナギをくわえて逃げました。

3 ❽10日後に，ごんは人々の行列を見かけました。❾彼らは白い着物を着ていました。❿「たぶん，兵十のおかあさんが死んだのだろう。」とごんは心の中で思いました。

3 **8** Ten《テン》 days《デイズ》 later《レイタァ》, Gon《ゴン》 saw《ソー》 a《ア》 line《ライン》 of《アヴ》 people《ピープル》.

10日後に / ごんは / 見ました / 人々の行列を

9 They《ゼイ》 were《ワー》 wearing《ウェアリング》 white《(フ)ワイト》 clothes《クロウズ》. **10** "Hyoju's《ヒョウジュウズ》 mother《マザァ》 probably《プラバブリィ》 died《ダイド》," Gon《ゴン》 said《セッド》 to himself《トゥーヒムセルフ》.

彼らは / 着ていました / 白い着物を / 兵十のおかあさんが / たぶん / 死にました / ごんは / 心の中で思いました

「～していた」という意味を表す〈be動詞の過去形＋動詞の-ing形〉。

Guess 解答例

・"Hey, you sly fox!" (本文❻) と言ったとき，兵十 (Hyoju) はどんな気持ちだったのでしょうか。

とった魚やウナギをごんにいたずらされて怒っている気持ち など。

Check 解答例

・ごんはなぜ兵十の母親が亡くなったと思ったのでしょうか。

白い服を着た人々の列を見たから。

単語・語句 QR

1
- □ eel(s) [イール(ズ)] 名 ウナギ
- □ decide(d) [ディサイド(ディサイディド)] 動 決定する
- □ trick [トゥリック] 名 いたずら
- □ *one day* ある日
- □ *play a trick on ～* ～にいたずらをする

2
- □ out [アウト] 副 外へ[に]
- □ basket [バスケット] 名 かご
- □ teeth [ティース] 名 tooth(歯)の複数形
- □ tooth [トゥース] 名 歯
- □ shout(ed) [シャウト(シャウティド)] 動 叫ぶ
- □ sly [スライ] 形 ずるい，悪賢い
- □ ran [ラン] 動 run(走る)の過去形
- □ *out of ～* ～の外へ[に]
- □ *come back* もどる
- □ *run away* 逃げる

3
- □ line [ライン] 名 列，行列
- □ clothes [クロウズ] 名 衣服，着物
- □ probably [プラバブリィ] 副 たぶん，十中八九
- □ die(d) [ダイ(ド)] 動 死ぬ
- □ himself [ヒムセルフ] 代 彼自身に[を]
- □ *say to himself* 心の中で考える

“ ”の中は〈When ～, ...〉「～のとき…」の文。to eatは「～すること」という意味の〈to＋動詞の原形〉。

❶のeel「ウナギ」をさしている。

QR 4 ❶ That《ザット》 night《ナイト》, Gon《ゴン》 thought《ソート》, “When《(フ)ウェン》 Hyoju's《ヒョウジュウズ》
その夜 ごんは 思いました 兵十のおかあさんが病気だったとき

mother《マザァ》 was《ワズ》 sick《スィック》, she《シー》 wanted《ワンティド》 to eat《トゥー イート》 eel《イール》. ❷ But《バット》 I《アイ》
彼女は 食べたいと思いました ウナギを しかし 私は

stole《ストウル》 it《イット》. ❸ Ah《アー》, I'm《アイム》 sorry《サリィ》, Hyoju《ヒョウジュウ》.” ❹ Gon's《ゴンズ》 heart《ハート》
盗みました それを ああ すみません 兵十 ごんの心は

sank《サンク》.
沈みました

5 ❺ From《フラム》 the《ザ》 next《ネクスト》 day《ディ》, Gon《ゴン》 brought《ブロート》
その翌日から ごんは 持ってきました

many《メニィ》 chestnuts《チェスナッツ》 and《アンド》 left《レフト》 them《ゼム》 at《アット》 Hyoju's《ヒョウジュウズ》 house《ハウス》.
たくさんのクリを そして 置いていきました それらを 兵十の家に

❻ One《ワン》 night《ナイト》, Hyoju《ヒョウジュウ》 said《セッド》 to his《トゥー ヒズ》 neighbor《ネイバァ》.
ある晩 兵十は 言いました 彼の隣人に

本文の意味

4 ❶その夜，ごんは思いました。「兵十のおかあさんは病気のとき，ウナギが食べたかったんだ。❷でも，ぼくがそれを盗んでしまったんだ。❸ああ，兵十さん，ごめんなさい。」❹ごんの心は沈みました。

5 ❺その翌日から，ごんはたくさんのクリを持っていって兵十の家に置いていきました。❻ある晩，兵十は近所の人に言いました。❼「このごろ，奇妙なことが起きているんだ。❽毎日，扉のところにクリがあるんだ。❾私が家にいないときにだれかが持ってくるんだよ。❿もし私のことを信じないなら，明日，うちに来てごらんよ。」

❼ “These《ズィーズ》 days《デイズ》 strange《ストゥレインヂ》 things《スィングズ》 are《アー》 happening《ハプニング》.

このごろ　奇妙なことが　起こっています

❽ Every《エヴリィ》 day《ディ》 I《アイ》 find《ファインド》 chestnuts《チェスナッツ》 at《アット》 my《マイ》 door《ドー》.

毎日　私は　見つけます　クリを　私の扉に

❾ Someone《サムワン》 brings《ブリングズ》 them《ゼム》 when《(フ)ウェン》 I’m《アイム》 not《ナット》 at《アット》 home《ホウム》.

だれかが　持ってきます　それらを　私がいないときに　家に

〈... when ～〉「～のとき…」の文。
themは❽のchestnuts「クリ」をさしている。

❿ If《イフ》 you《ユー》 don’t《ドウント》 believe《ビリーヴ》 me《ミー》, come《カム》 to《トゥー》 my《マイ》 house《ハウス》 tomorrow《タモーロウ》.”

もしあなたが信じないならば　私を　来てください　私の家に　明日

〈If ～, ...〉「もし～ならば…」の文。…に命令文がきている。

Check　解答例

・ごんの心は，なぜ沈んだのでしょうか。

兵十の母親が病気なのに，自分がウナギを盗んでしまったから。

Guess　解答例

・ごんはなぜ兵十の家にクリを置くようになったのでしょうか。

兵十に何かおわびになることをしたいと思ったから　など

Check　解答例

・you（本文❿）とはだれのことでしょうか。

兵十の隣人

単語・語句　QR

❹□ thought［ソート］動 think(考える)の過去形《過去分詞形も同形》
□ sick［スィック］形 病気の
□ stole［ストウル］動 steal(盗む)の過去形
□ steal［スティール］動 盗む
□ heart［ハート］名 心
□ sank［サンク］動 sink(沈む)の過去形
□ sink［スィンク］動 沈む，落ち込む
□ *I’m sorry.*　すみません。
❺□ brought［ブロート］動 bring(持ってくる)の過去形《過去分詞形も同形》
□ left［レフト］動 leave(置いていく，出発する)の過去形《過去分詞形も同形》
□ neighbor［ネイバァ］名 隣人
□ strange［ストゥレインヂ］形 奇妙な
□ happen(ing)［ハプン(ハプニング)］動 起こる
□ door［ドー］名 ドア，扉
□ someone［サムワン］代 だれか
□ *one night*　ある夜［晩］
□ *these days*　このごろ，近ごろ

QR 6 ❶ The《ザ》 next《ネクスト》 day《ディ》 Gon《ゴン》 brought《ブロート》 chestnuts《チェスナッツ》 again《アゲン》.

（その翌日 ごんは 持ってきました クリを 再び）

「～するために」という目的を表す副詞的用法の〈to＋動詞の原形〉。

❷ But《バット》 this《ズィス》 time《タイム》 Hyoju《ヒョウジュウ》 saw《ソー》 him《ヒム》. ❸ “Is《イズ》 he《ヒー》 here《ヒア》 to《トゥー》 play《プレイ》 a《ア》 trick《トゥリック》 again《アゲン》? ❹ I'll《アイル》 stop《スタップ》 him《ヒム》.” ❺ Hyoju《ヒョウジュウ》 picked《ピックト》 up《アップ》 his《ヒズ》 rifle《ライフル》 and《アンド》 shot《シャット》. ❻ Bang《バング》!

（しかし 今回は 兵十が 見ました 彼を 彼はいるのですか ここに するために いたずらを もう一度 私は止めるつもりです 彼を 兵十は 拾い上げました 彼の銃を そして 撃ちました バン）

本文の意味

6 ❶その翌日，ごんは再びクリを持ってきました。❷しかし今回は，兵十がごんを見ました。❸「あいつはまたいたずらをするためにここにいるのだろうか。❹あいつを止めてやるぞ。」❺兵十は銃を拾い上げて撃ちました。❻バン！

7 ❼ごんは地面に倒れました。❽兵十はあたりを見回して，クリを見つけました。❾「お前だったのか！ ❿お前がクリを持ってきたのか。」と兵十は言いました。⓫ごんは弱々しくうなずきました。⓬銃が兵十の手から落ちました。⓭煙がまだ銃身から立ち昇っていました。

7 ❼ Gon《ゴン》 fell《フェル》 to the《トゥーザ》 ground《グラウンド》. ❽ Hyoju《ヒョウジュウ》 looked《ルックト》 around《アラウンド》

ごんは 倒れました 地面に 兵十は あたりを見回しました

and《アンド》 found《ファウンド》 the《ザ》 chestnuts《チェスナッツ》. ❾ "It《イット》 was《ワズ》 you《ユー》! ❿ You《ユー》

そして 見つけました クリを それは あなたでした あなたは

「クリを扉のところに置いていった」ことをさしている。

brought《ブロート》 the《ザ》 chestnuts《チェスナッツ》," he《ヒー》 said《セッド》. ⓫ Gon《ゴン》 nodded《ナッディド》

持ってきました クリを 彼は 言いました ごんは うなずきました

weakly《ウィークリィ》. ⓬ The《ザ》 rifle《ライフル》 fell《フェル》 from《フラム》 Hyoju's《ヒョウジュウズ》 hand《ハンド》.

弱々しく 銃が 落ちました 兵十の手から

⓭ Smoke《スモウク》 was《ワズ》 still《スティル》 rising《ライズィング》 from《フラム》 the《ザ》 barrel《バラル》.

煙が まだ昇っていました 銃身から

「～していた」という意味を表す〈be動詞の過去形＋動詞の-ing形〉。

Check 解答例

・I'll stop him.（本文❹）と言ったとき兵十はどんな気持ちだったのでしょうか。

ごんに対して怒っている。

単語・語句 QR

6 □ rifle ［ライフル］ 名 銃
□ *this time* 今度は
7 □ fell ［フェル］ 動 fall（倒れる）の過去形
□ ground ［グラウンド］ 名 地面
□ nod(ded) ［ナッド（ナッディド）］ 動 うなずく
□ weakly ［ウィークリィ］ 副 弱く，弱々しく
□ smoke ［スモウク］ 名 煙
□ barrel ［バラル］ 名 銃身
□ *look around* あたりを見回す

3rd Stage

1. 次の絵を物語の流れの順番に並べましょう。

(ⓒ)→(ⓐ)→(ⓓ)→(ⓑ)

2. 本文の内容と合うように，空所に適する語を選んで書きましょう。

One day, Hyoju was catching fish and eels in the river. Gon, a little fox, played a ①trick on him. Gon stole the eel out of Hyoju's basket. Ten days later, Hyoju's mother ②died. Gon thought, "Hyoju was catching eels for his ③mother." Gon was sorry for stealing the eel.

Gon ④left chestnuts at Hyoju's house every day. Hyoju didn't know that it was Gon. One day, Hyoju saw Gon and ⑤shot him. Gon fell down, and Hyoju ⑥found the chestnuts. Hyoju dropped his rifle.

died / found / left / mother / shot / trick

英文の訳

ある日，兵十は川で魚とウナギをつかまえていました。小ギツネのごんは，彼に①いたずらをしました。ごんは兵十のかごからウナギを盗んだのです。10日後，兵十の母親が②死にました。ごんは「兵十は③おかあさんのためにウナギをつかまえていたんだ。」と思いました。ごんはウナギを盗んだことをすまないと思いました。

ごんは毎日，兵十の家にクリを④置いていました。兵十はそれがごんだとは知りませんでした。ある日，兵十はごんを見て彼を⑤撃ちました。ごんは倒れ，それから兵十はクリを⑥見つけました。兵十は銃を落としました。

単語・語句 **QR**

- □ drop(ped) [ドラップ(ト)] 動 落とす
- □ *fall down* 倒れる
- □ *be sorry for ～* ～をすまないと思う

Word Web 2 いろいろな形容詞

教科書 p.48

cheap《チープ》 安価な，安い	expensive《イクスペンスィヴ》 高価な，高い	clean《クリーン》 清潔な	dirty《ダーティ》 汚れた，汚い	empty《エンプティ》 からの	full《フル》 いっぱいの，満ちた
heavy《ヘヴィ》 重い	light《ライト》 軽い	high《ハイ》 高い	low《ロウ》 低い	narrow《ナロウ》 狭い	wide《ワイド》 広い
right《ライト》 正しい	wrong《ローング》 間違っている	thick《スィック》 厚い	thin《スィン》 薄い	wet《ウェット》 ぬれている	dry《ドゥライ》 乾燥した，かわいた

●やってみよう

2. 例文と訳

・This ring is cheap.　この指輪は安いです。
・These shoes are dirty.　これらのくつは汚れています。

表現例

・This bag is light.　このかばんは軽いです。
・This answer is wrong.　この答えは間違っています。
・This book is thick.　この本は厚いです。

High-Tech Nature

Scenes

1 2つのものを比べて説明できるようになろう。 QR

Scenes の意味

A: おかあさんにはどのカップを買いましょうか。
B: 灰色のカップは黄色のカップよりかわいいですね。
A: でも，それは黄色のカップより高いですね。
B: 問題ありません。灰色のカップを買いましょう。

2つを比べて，「…よりも～です」と言うときは…

The gray one is **cuter than** the yellow one.

〈形容詞＋-(e)r than〉
比較級

〈形容詞の比較級＋than〉の形を使うよ。

ポイント!

形 〈形容詞［副詞］＋-(e)r than ...〉　**意味** 「…よりも～です」

比較的長い形容詞の比較級 は…

The gray one is **more expensive than** the yellow one.

灰色のカップは黄色のカップより高いです。

moreを使うよ。~~expensiver~~

ポイント!

形 〈more＋形容詞［副詞］＋than ...〉　**意味** 「…よりも～です」

【比較級の作り方！】

- ふつうは語尾に-erをつける。 old(古い) ⇒ older small(小さい) ⇒ smaller
- eで終わる語は語尾に-rをつける。 large(大きい) ⇒ larger nice(よい) ⇒ nicer
- 〈短母音＋子音字〉で終わる語は，子音字を重ねて-erをつける。 big(大きい) ⇒ bigger
- 〈子音字＋y〉で終わる語は，yをiに変えて-erをつける。 happy(幸せな) ⇒ happier

Listen サムと久美の対話を聞き，面積が大きい国順に番号を書きましょう。 QR

Japan( ) India( ) Finland( ) Germany( )

解答

Japan 2
India 1
Finland 4
Germany 3

対話文 QR

Sam: India is larger than Japan. インドは日本より大きいです。
Kumi: I see. Is Japan larger than Germany? なるほど。日本はドイツより大きいですか。
Sam: Yes. Japan is larger than Germany. はい。日本はドイツより大きいです。
Kumi: Then, which country is smaller, Germany or Finland?
それでは，ドイツとフィンランドではどちらが小さいですか。
Sam: Finland is. フィンランドです。

Speak & Write 身近なものを比べ，自分の考えを表現しましょう。

(例) *A:* I think pandas are cuter than koalas.
B: I think Sakurajima is more beautiful than Mt. Asama.

例文の訳

A: 私は，パンダはコアラよりかわいいと思います。
B: 私は，桜島は浅間山より美しいと思います。

解答例

- *A:* I think my bag is older than yours. 私は，私のバッグはあなたのものより古いと思います。
  B: I think Mt. Fuji is more famous than Mt. Kitadake. 私は，富士山は北岳より有名だと思います。
- *A:* I think science is easier than math. 私は，理科は数学よりたやすいと思います。
  B: I think Chinese is more difficult than English. 私は，中国語は英語より難しいと思います。

単語・語句 QR

- □ high-tech ［ハイテック］ 形 ハイテクの，高度先端技術の
- □ than ［ザン］ 接 前 ～よりも
- □ more ［モー］ 副 もっと(muchの比較級)
- □ Mt. ［マウント］ 名 ～山(＝Mount)

(Tryはp.82へ)

2 もっとも程度が高いものについて説明できるようになろう。 QR

Scenes の意味

A: 雨はきらいです。6月は1年でいちばん長い月だと感じます。
B: 私はいちばんすばらしい月だと思います。

A: なぜですか。
B: あれのためです。虹ですよ。

3つ以上を比べて, 「もっとも～です」 と言うときは…

June is **the longest** month of the year.

〈the＋形容詞＋-est〉 最上級

〈the＋形容詞の最上級〉の形を使うよ。

ポイント!

形 〈the＋形容詞［副詞］の最上級〉

意味 「もっとも～です」

比較的長い形容詞の最上級 は…

June is **the most wonderful** month. 6月はもっともすばらしい月です。

mostを使うよ。~~wonderfulest~~

ポイント!

形 〈the most＋形容詞［副詞］〉

意味 「もっとも～です」

【最上級の作り方！】

・ふつうは語尾に-estをつける。　old(古い)⇒ oldest　small(小さい)⇒ smallest

・eで終わる語は語尾に-stをつける。　large(大きい)⇒ largest　nice(よい)⇒ nicest

・〈短母音＋子音字〉で終わる語は，子音字を重ねて-estをつける。　big(大きい)⇒ biggest

・〈子音字＋y〉で終わる語は，yをiに変えて-estをつける。　happy(幸せな)⇒ happiest

Listen 気温についての3つの説明を聞き，内容に合う都市を選びましょう。 QR

❶ (　　　)　❷ (　　　)　❸ (　　　)

	都市	4月	8月	12月
a.	**Sydney**	18.9℃	13.7℃	21.8℃
b.	**New York**	11.6℃	24.8℃	3.7℃
c.	**London**	10.5℃	18.5℃	5.7℃

解答

❶ c

❷ b

❸ a

英文 QR

❶ In April, this city is the coldest of the three.　4月は，この都市が3つの中でもっとも寒いです。

❷ In August, this city is the hottest of the three.　8月は，この都市が3つの中でもっとも暑いです。

❸ In December, this city is the hottest of the three.　12月は，この都市が3つの中でもっとも暑いです。

Speak & Write 自分が「もっとも～だ」と思うものを表現しましょう。

(例) *A:* Which is the most exciting, tennis, soccer, or baseball?

B: I think soccer is the most exciting of the three.

例文の訳

A: テニスとサッカー，野球ではどれがもっともわくわくしますか。

B: 私は，3つの中でサッカーがもっともわくわくすると思います。

解答例

・*A:* Which is the most useful, English, Chinese, or Japanese?

英語と中国語，日本語ではどれがもっとも役に立ちますか。

B: I think Japanese is the most useful of the three.

私は，3つの中で日本語がもっとも役に立つと思います。

・*A:* Which is the cutest, a koala, a panda, or a bear?

コアラとパンダ，クマではどれがもっともかわいいですか。

B: I think a panda is the cutest of the three.　私は，3つの中でパンダがもっともかわいいと思います。

単語・語句 QR

☐ hate［ヘイト］動 ひどく嫌う

☐ most［モウスト］副 もっとも(muchの最上級)

☐ rainbow［レインボウ］名 虹

☐ *because of ～*　～のために

3 同じ程度のものについて説明できるようになろう。 QR

Scenes の意味

A: 明日はおかあさんの誕生日ですね。
B: 彼女が私たちの贈り物を気に入ってくれるといいですね。

A: このカップは彼女のカップと同じくらいの大きさだと思います。
B: それは彼女のカップほど重くありません。

「…と同じくらい～」 と程度が同じくらいであることを表すときは…

This cup is **as** big **as** hers.

〈as＋形容詞の原級＋as〉の形を使うよ。

ポイント！

形 〈as＋形容詞［副詞］の原級＋as ...〉 意味 「…と同じくらい～」

「…ほど～ない」 と言うときは…

This cup is **not** **as** heavy **as** hers. このカップは彼女のものほど重くありません。

〈not as＋形容詞の原級＋as〉の形を使うよ。

「彼女のものと同じくらい重くない」という意味ではないよ。

ポイント！

形 〈not as＋形容詞［副詞］の原級＋as ...〉 意味 「…ほど～ない」

Listen 3人の武将の身長の話を聞き，等号(=)か不等号(>，<)を書きましょう。 QR

徳川家康
( )

伊達政宗
( )

織田信長

解答

徳川家康＝伊達政宗＜織田信長

英文 QR

Tokugawa Ieyasu was about 159 centimeters tall. He was as tall as Date Masamune. Masamune was not as tall as Oda Nobunaga. Nobunaga was the tallest of the three.

徳川家康は身長が約159センチメートルでした。彼は，伊達政宗と同じくらいの背の高さでした。政宗は，織田信長ほど背は高くありませんでした。信長が３人の中でもっとも背が高かったのです。

Speak & Write 身近なものを比べ，自分の考えを表現しましょう。

(例) *A:* I think English is as interesting as math.

B: Do you? Math is not as interesting as English to me.

例文の訳

A: 私は，英語は数学と同じくらいおもしろいと思います。

B: そう思いますか。私にとって，数学は英語ほどおもしろくありません。

解答例

- *A:* I think math is as useful as English. 私は，数学は英語と同じくらい役に立つと思います。
  B: Do you? English is not as useful as math to me.
  そう思いますか。私にとって，英語は数学ほど役に立ちません。
- *A:* I think badminton is as exciting as tennis.
  私は，バドミントンはテニスと同じくらいわくわくすると思います。
  B: Do you? Tennis is not as exciting as badminton to me.
  そう思いますか。私にとって，テニスはバドミントンほどおもしろくありません。
- *A:* I think chocolate cake is as delicious as fruit cake.
  私は，チョコレートケーキはフルーツケーキと同じくらいおいしいと思います。
  B: Do you? Fruit cake is not as delicious as chocolate cake to me.
  そう思いますか。私にとって，フルーツケーキはチョコレートケーキほどおいしくありません。

単語・語句 QR

□ she'll [シール] ＝she will

□ as [アズ] 副 接 (*as* ～ *as* ... の形で)…と同じくらい～

□ centimeter(s) [センティミータァ(ズ)] 名 センチメートル(長さの単位)

□ ※tall [トール] 形 身長[高さ]がある(→教科書 p.38 形 背の高い)

□ *not as* ～ *as* ... …ほど～ない

Think

1 雨のなか，エミリーは父(Jack)とハス池の近くを散歩しています。 QR

Emily: ❶ These《ズィーズ》 lotus《ロウタス》 leaves《リーヴズ》 are《アー》 so《ソウ》 big《ビッグ》!
これらのハスの葉は　とても大きいです

Jack: ❷ Yes《イェス》. ❸ That《ザット》 leaf《リーフ》 is《イズ》 bigger《ビガァ》 than《ザン》 my《マイ》 hat《ハット》.
はい　その葉は　もっと大きいです　私のぼうしよりも

Emily: ❹ Look《ルック》! ❺ The《ザ》 leaves《リーヴズ》 are《アー》 not《ナット》 wet《ウェット》.
見てください　その葉は　ぬれていません

❻ Raindrops《レインドゥラップス》 are《アー》 running《ラニング》 off《オーフ》 them《ゼム》. ❼ But《バット》 why《(フ)ワイ》?
雨つぶは　それらから流れ去っていきます　でも　なぜでしょうか

Jack: ❽ They《ゼイ》 are《アー》 unique《ユニーク》 leaves《リーヴズ》. ❾ A《ア》 Japanese《ヂャパニーズ》 company《カンパニィ》 is《イズ》 using《ユーズィング》 this《ズィス》 effect《イフェクト》 with《ウィズ》 yogurt《ヨウガート》 lids《リッヅ》.
それらは　独特の葉です　ある日本の会社は　使っています　この効果を　ヨーグルトのふたに

bigger は big の比較級。ハスの葉とジャックのぼうしを比べている。

❺のThe leavesも❽のTheyも，❶のThese lotus leaves「これらのハスの葉」をさしている。

本文の意味

エミリー：❶これらのハスの葉はとても大きいのね！
ジャック：❷そうだね。❸あの葉は私のぼうしよりも大きいよ。
エミリー：❹見て！　❺その葉はぬれていないわ。❻雨つぶが葉から流れ落ちていくわ。❼でも，どうしてかしら。
ジャック：❽独特な葉っぱなんだよ。❾ある日本の会社はこの効果をヨーグルトのふたに利用しているよ。
エミリー：❿だからヨーグルトがふたにくっつかないのね！
ジャック：⓫そのとおりだよ。⓬自然から新しいアイディアを得ることができるんだ。⓭私はもうひとつの例も知っているよ。⓮それはヨーグルトのふたよりもおもしろいかもしれないね。
エミリー：⓯それは何？　⓰私に教えて。

Emily: ⑩ So《ソウ》 yogurt《ヨウガート》 doesn't《ダズント》 stick《スティック》 to《トゥー》 them《ゼム》!
だから　ヨーグルトは　それらにくっつきません

Jack: ⑪ That's《ザッツ》 right《ライト》. ⑫ People《ピープル》 can《キャン》 get《ゲット》 new《ニュー》 ideas《アイディアズ》
そのとおりです　人々は　得ることができます　新しいアイディアを

from《フラム》 nature《ネイチャ》. ⑬ I《アイ》 know《ノウ》 another《アナザァ》 example《イグザンプル》.
自然から　私は　知っています　もうひとつの例を

⑭ It《イット》 may《メイ》 be《ビー》 more《モー》 interesting《インタラスティング》 than《ザン》 yogurt《ヨウガート》 lids《リッヅ》.
それは　もっとおもしろいかもしれません　ヨーグルトのふたよりも

Emily: ⑮ What's《(フ)ワッツ》 that《ザット》? ⑯ Tell《テル》 me《ミー》 about《アバウト》 it《イット》.
それは何ですか　教えてください　私に　それについて

Itは⑬のanother example「もうひとつの例」をさしている。〈more＋形容詞＋than ...〉の形。もうひとつの例とヨーグルトのふたを比べている。

Q

① Are the lotus leaves wet?
ハスの葉はぬれていますか。

② What is special about the yogurt lids?
ヨーグルトのふたは何が特別なのですか。

A

解答例

❶ No, they aren't.
いいえ，ぬれていません。

❷ Yogurt doesn't stick to them.
ヨーグルトがそれらにくっつきません。

単語・語句 QR

- □ lotus［ロウタス］名 ハス
- □ leaves［リーヴズ］名 leaf(葉)の複数形
- □ leaf［リーフ］名 葉
- □ raindrop(s)［レインドゥラップ(ス)］名 雨だれ，雨つぶ
- □ company［カンパニィ］名 会社
- □ effect［イフェクト］名 効果
- □ yogurt［ヨウガート］名 ヨーグルト
- □ lid(s)［リッド(リッヅ)］名 ふた
- □ ※may［メイ］助 ～かもしれない(→教科書p.27 助 ～してよい)
- □ *stick to* ～　～にくっつく

2 父は少し離れた水辺の木の枝を指さします。 QR

Jack: ❶ Can you《キャンニュー》 see《スィー》 that《ザット》 bird《バード》?

あなたは見えますか　あの鳥が

Emily: ❷ Yes《イエス》, it's a《イッツァ》 kingfisher《キングフィッシャ》. ❸ I《アイ》 think《スィンク》 it's《イッツ》 the《ザ》 most《モウスト》 beautiful《ビュータフル》 bird《バード》 of《アヴ》 all《オール》.

はい　それはカワセミです　私は　思います　それはすべての中でもっとも美しい鳥だと

most beautifulは〈most＋形容詞の原級〉の形。
allは「すべて(の鳥)」と仲間・同類を表しているので，ofが使われている。

Jack: ❹ The《ザ》 bird《バード》 gave《ゲイヴ》 a《ア》 hint《ヒント》 to《トゥー》 a《ア》 Shinkansen《シンカンセン》 engineer《エンヂニア》.

その鳥は　与えました　ヒントを　新幹線の技術者に

Emily: ❺ It《イット》 did《ディド》? ❻ How《ハウ》?

それは与えたのですか　どうやってですか

didはgave a hint to a Shinkansen engineerの代わりに使われている。

Jack: ❼ Well《ウエル》, the《ザ》 Shinkansen《シンカンセン》 is《イズ》 the《ザ》 fastest《ファステスト》 train《トゥレイン》 in《イン》 Japan《ヂャパン》. ❽ But《バット》 it《イット》 made《メイド》 a《ア》 loud《ラウド》 noise《ノイズ》 when《(フ)ウェン》 it《イット》 entered《エンタァド》 tunnels《タヌルズ》.

ええと　新幹線は　もっとも速い電車です　日本で　しかし　それは　出しました　大きな騒音を　それがトンネルに　入ったとき

fastestはfastの最上級。Japanは範囲・場所を表しているので，inが使われている。

本文の意味

ジャック：❶あの鳥が見えるかい？

エミリー：❷うん，カワセミね。❸カワセミはすべての鳥の中でもっとも美しい鳥だと思うわ。

ジャック：❹カワセミが新幹線の技術者にヒントを与えたんだよ。

エミリー：❺そうだったの？　❻どうやって？

ジャック：❼ええと，新幹線は日本でいちばん速い電車だね。❽でも，トンネルに入るときに大きな騒音を立てたんだよ。

エミリー：❾カワセミがこの問題を解決するのに役に立ったの？

ジャック：❿そうなんだ。⓫カワセミはザブンという音をたてずに水の中に飛び込むんだ。⓬そのことが大きなヒントになったんだよ。⓭技術者はカワセミのくちばしと頭にならって新幹線を作ったんだ。

Emily: ❾ Was《ワズ》 the《ザ》 bird《バード》 helpful《ヘルプフル》 to《トゥー》 solve《サルヴ》 this《ズィス》 problem《プラブラム》?
その鳥は役に立ちましたか　この問題を解決するために

> この〈to＋動詞の原形〉は「～するために」と目的を表している。

Jack: ❿ Yes《イエス》. ⓫ It《イット》 dives《ダイヴズ》 into《イントゥー》 water《ウォータァ》 without《ウィザウト》 a《ア》 splash《スプラッシュ》.
はい　それは 飛び込みます 水の中へ　ザブンという音なしで

⓬ That《ザット》 was a《ワザ》 big《ビッグ》 hint《ヒント》. ⓭ The《ザ》 engineer《エンヂニア》 modeled《マドルド》 the《ザ》 Shinkansen《シンカンセン》 after《アフタァ》 the《ザ》 kingfisher's《キングフィッシャズ》 beak《ビーク》 and《アンド》 head《ヘッド》.
それは　大きなヒントでした　その技術者は　作りました　新幹線を　カワセミのくちばしと頭にならって

> ⓫の「カワセミがザブンという音なしで水の中へ飛び込む」ことをさしている。

Q

① What problem did the Shinkansen have before?
以前，新幹線にはどんな問題がありましたか。

② How does a kingfisher dive into water?
カワセミはどのようにして水の中へ飛び込みますか。

A 解答例

❶ It made a loud noise when it entered tunnels.
それはトンネルに入るときに大きな騒音を立てました。

❷ It dives into water without a splash.
それはザブンという音なしに水の中へ飛び込みます。

単語・語句 QR

- □ kingfisher [キングフィッシャ] 名 カワセミ
- □ gave [ゲイヴ] 動 give(与える)の過去形
- □ give [ギヴ] 動 与える
- □ loud [ラウド] 形 (音・声が)大きな
- □ noise [ノイズ] 名 騒音
- □ enter(ed) [エンタァ(ド)] 動 入る
- □ tunnel(s) [タヌル(ズ)] 名 トンネル
- □ solve [サルヴ] 動 解決する，解く
- □ dive(s) [ダイヴ(ズ)] 動 飛び込む
- □ without [ウィザウト] 前 ～なしで
- □ splash [スプラッシュ] 名 水しぶき，(水などの)ザブンという音
- □ model(ed) [マドゥル(ド)] 動 (手本にして)作る
- □ beak [ビーク] 名 くちばし

Try ② 表現例

(例：B -1) I think Japanese food is healthier than Chinese food.
私は，日本料理は中華料理より健康によいと思います。

3 生物をヒントにした技術に興味をもったエミリーが発表します。 QR

それぞれのロボットとアメリカの1セント硬貨と比べて，「同じくらい小さい」と言っている。

Itは❷のEach robot「それぞれのロボット」，つまり「ハチロボット」をさしている。
ハチロボットとペーパークリップを比べて，「ペーパークリップほど重くない」と言っている。

❶ These《ズィーズ》 are《アー》 bee《ビー》 robots《ロウバッツ》. ❷ Each《イーチ》 robot《ロウバット》 is《イズ》 as《アズ》 small《スモール》
これらは　ハチロボットです　それぞれのロボットは　1セント硬貨と同じくらい

as《アズ》 a《ア》 penny《ペニィ》, a《ア》 U.S.《ユーエス》 coin《コイン》. ❸ It's《イッツ》 not《ナット》 as《アズ》 heavy《ヘヴィ》
小さいです　アメリカ合衆国の硬貨である　それはペーパークリップ

as《アズ》 a《ア》 paper《ペイパァ》 clip《クリップ》. ❹ It's《イッツ》 able《エイブル》 to《トゥー》 fly《フライ》 in《イン》 the《ザ》 sky《スカイ》.
ほど重くありません　それは飛ぶことができます　空を

❺ These《ズィーズ》 robots《ロウバッツ》 have《ハヴ》 great《グレイト》 potential《パテンシャル》.
これらのロボットは　持っています　すばらしい可能性を

❻ In《イン》 agriculture《アグリカルチャ》, they《ゼイ》 will《ウィル》 carry《キャリィ》 pollen《パラン》 to《トゥー》 flowers《フラウアズ》
農業において　それらは運ぶでしょう　花粉を　花々へ

like《ライク》 bees《ビーズ》. ❼ They《ゼイ》 will《ウィル》 also《オールソウ》 be《ビー》 useful《ユースフル》 for《フォー》 search《サーチ》 and《アンド》
ハチのように　それらは　また役に立つでしょう　捜索と救助のために

rescue《レスキュー》 because《ビコーズ》 they《ゼイ》 can《キャン》 go《ゴウ》 into《イントゥー》 narrow《ナロウ》 spaces《スペイスィズ》.
それらは行くことができるからです　狭い空間の中へ

本文の意味

❶これらはハチロボットです。❷それぞれのロボットは，アメリカ合衆国の硬貨である1セント硬貨と同じくらい小さいです。❸ハチロボットはペーパークリップほど重くありません。❹それは空を飛ぶことができます。

❺これらのロボットにはすばらしい可能性があります。❻農業では，ハチのように花々へ花粉を運ぶでしょう。❼狭い空間に入ることができるので，捜索や救助にも役立つでしょう。❽それぞれの生き物はすばらしい才能を持っています。❾私たちは植物と生物からたくさんのことを学ぶことができます。

(p.73より)

Try ① 表現例

I visited Osaka and enjoyed eating *takoyaki*. I think it is delicious.

私は大阪に行き，たこ焼きを食べて楽しみました。私は，それはおいしいと思います。

❽ Each《イーチ》 living《リヴィング》 thing《スィング》 has《ハズ》 amazing《アメイズィング》 talents《タランツ》. ❾ We《ウィー》 can《キャン》 learn《ラーン》 a《ア》 lot《ラット》 from《フラム》 plants《プランツ》 and《アンド》 creatures《クリーチャズ》.

それぞれの生き物は / 持っています / すばらしい才能を / 私たちは / 学ぶことができます / たくさん / 植物と生物から

Q

① What can the bee robots do?
ハチロボットは何をすることができますか。

② Why will the bee robots be useful in agriculture?
なぜハチロボットは農業において役に立つのでしょうか。

A 解答例

❶ They can fly in the sky.
それらは空を飛ぶことができます。

❷ Because they will carry pollen to flowers like bees.
それらはハチのように花粉を花々へ運ぶからです。

単語・語句 QR

- □ bee(s) [ビー(ズ)] 名 ハチ
- □ penny [ペニィ] 名 アメリカの1セント硬貨(直径約19mm)
- □ coin [コイン] 名 硬貨
- □ paper clip [ペイパァ クリップ] 名 ペーパークリップ
- □ able [エイブル] 形 ～ができる
- □ potential [パテンシャル] 名 可能性
- □ agriculture [アグリカルチャ] 名 農業
- □ carry [キャリィ] 動 運ぶ
- □ pollen [パラン] 名 花粉
- □ search [サーチ] 名 捜索, 探索
- □ rescue [レスキュー] 名 救助
- □ space(s) [スペイス(ィズ)] 名 空間
- □ plant(s) [プラント(プランツ)] 名 植物
- □ creature(s) [クリーチャ(ズ)] 名 生物
- □ *be able to* ～ ～することができる

Try ③ 表現例

I like Mirai Park the best in my city because it has a lot of flowers.
私は, たくさんの花があるので, 私の市でみらい公園がいちばん好きです。

Retell

❷

□ lotus leaves　□ yogurt lids　□ raindrops　□ a Japanese company　□ effect

(表現例)

・Raindrops are running off the lotus leaves.
　雨つぶがハスの葉から流れ落ちています。

・A Japanese company is using the effect with yogurt lids.
　ある日本の会社はその効果をヨーグルトのふたに使っています。

□ a kingfisher　□ a Shinkansen engineer　□ dive　□ without a splash　□ hint

(表現例)

・Emily thinks that a kingfisher is the most beautiful bird of all.
　カワセミはすべての中でもっとも美しい鳥だとエミリーは思っています。

・A kingfisher dives into water without a splash.
　カワセミは水の中へザブンという音をたてることなく飛び込みます。

・A Shinkansen engineer got a hint from a kingfisher.
　新幹線の技術者はカワセミからヒントを得ました。

□ bee robots　□ carry pollen　□ flowers　□ plants and creatures

(表現例)

・Bee robots will carry pollen to flowers like bees.
　ハチロボットはハチのように花々へ花粉を運ぶでしょう。

・We can learn a lot of things from plants and creatures.
　私たちは植物と生物からたくさんのことを学ぶことができます。

Interact

1 Let's Interview.

① 例文と訳

A: Which is more interesting to you, P.E. or music?
体育と音楽では，あなたにとってどちらがよりおもしろいですか。

B: I think music is more interesting. I like to sing with my classmates.
私は音楽がよりおもしろいと思います。私はクラスメートと歌うことが好きです。

A: What song do you like the best? あなたはどんな歌がもっとも好きですか。

B: I like "Hana wa Saku" the best. It's a great song.
私は『花は咲く』がもっとも好きです。すばらしい歌です。

表現例

A: Which is more exciting to you, basketball or volleyball?
バスケットボールとバレーボールでは，あなたにとってどちらがよりわくわくしますか。

B: I think basketball is more exciting. I like to play it with my friends.
私はバスケットボールのほうがわくわくすると思います。私は友だちとそれをするのが好きです。

A: What sport do you like the best?
あなたはどんなスポーツがもっとも好きですか。

B: I like soccer the best. It's the most exciting sport.
私はサッカーがもっとも好きです。それがもっともわくわくするスポーツです。

② 例文と訳

I interviewed ten friends. Eight students said music was more interesting than P.E.
私は10人の友だちにインタビューしました。８人の生徒が，音楽は体育よりおもしろいと言いました。

2 What's Your "Ichiban"?

表現例

A: What is the most important to you? Why do you think so?
あなたにとって何がもっとも大切ですか。なぜあなたはそう考えますか。

B: I think my family is the most important because they love me.
家族は私のことを愛してくれているので，私は自分の家族がもっとも大切だと思います。

単語・語句 QR

- □ smartphone［スマートフォウン］名 スマートフォン
- □ boring［ボーリング］形 退屈な，つまらない
- □ interview(ed)［インタヴュー(ド)］動 インタビューする
- □ money［マニィ］名 金，通貨
- □ health［ヘルス］名 健康
- □ friendship［フレン(ド)シップ］名 親交，友情

英語のしくみ

1 比較級 例文と訳

1. 形容詞[副詞]＋-(e)r

・Daniel is taller than his brother.　ダニエルは彼のお兄さん[弟]より背が高いです。

・Ken can run faster than Yuji.　健は雄二より速く走ることができます。

2. more＋形容詞[副詞](比較的長い形容詞や副詞)

・Baseball is more popular than soccer in our school.

私たちの学校では野球はサッカーより人気があります。

3. goodやwellのような形容詞[副詞]

・Meg is a better singer than Kumi.　メグは久美よりじょうずな歌い手です。

・I like summer better than winter.　私は冬より夏が好きです。

Challenge!

日本文に合う英文になるように, (　)内に適切な語を入れましょう。

(1)私の自転車はマイクのものより新しいです。　My bike is (　　　　) (　　　　) Mike's.

(2)このTシャツはあれより高いです。　This T-shirt is (　　　　) (　　　　) (　　　　) that one.

(3)一樹は颯太よりじょうずに野球をします。　Kazuki plays baseball (　　　　) (　　　　) Sota.

2 最上級 例文と訳

1. 形容詞[副詞]＋-est

・Daniel is the tallest in his family.　ダニエルは家族の中でいちばん背が高いです。

・Ken can run the fastest of all the students.　健はすべての生徒の中でもっとも速く走ることができます。

2. most＋形容詞[副詞](比較的長い形容詞や副詞)

・Baseball is the most popular sport in my country.　私の国では野球がもっとも人気のあるスポーツです。

3. goodやwellのような形容詞[副詞]

・Meg is the best singer in my class.　メグは私のクラスの中でいちばん歌がじょうずです。

・I like summer the best of all the seasons.　私はすべての季節の中で夏がいちばん好きです。

Challenge!

日本文に合う英文になるように, (　)内に適切な語を入れましょう。

(1)美穂はその3人の中でもっとも速く泳ぎます。

Miho swims (　　　　) (　　　　) (　　　　) the three.

(2)これは日本でもっとも有名な映画です。

This is (　　　　) (　　　　) (　　　　) movie in Japan.

(3)綾香はクラスでもっともじょうずに料理をします。

Ayaka cooks (　　　　) (　　　　) (　　　　) our class.

(3はp.87へ)

Word Web 3 楽器の名前

教科書 p.58

trumpet《トゥランペット》	flute《フルート》	xylophone《ザイラフォウン》	harp《ハープ》	drum(s)《ドゥラム(ズ)》	
トランペット	フルート	シロフォン，木琴	ハープ	たいこ，ドラム	
harmonica《ハーマニカ》	contrabass《カントゥラベイス》	violin《ヴァイアリン》	guitar《ギター》	saxophone《サクサフォウン》	piano《ピアノウ》
ハーモニカ	コントラバス	バイオリン	ギター	サクソフォン，サックス	ピアノ

●やってみよう

例文と訳

A: Which do you want to play?　あなたはどれを演奏したいですか。
B: I want to play the guitar.　私はギターをひきたいです。

表現例

・*A:* Which do you want to play?　あなたはどれを演奏したいですか。
　B: I want to play the flute.　私はフルートを吹きたいです。
・*A:* Which do you want to play?　あなたはどれを演奏したいですか。
　B: I want to play the drums.　私はドラムを叩きたいです。
・*A:* Which do you want to play?　あなたはどれを演奏したいですか。
　B: I want to play the contrabass.　私はコントラバスをひきたいです。

(p.86より)

3 as ～ as ... 例文と訳

・I am as tall as my mother.　私は母と同じくらいの背の高さです。
・I am not as tall as my father.　私は父ほど背が高くありません。
・Tom can run as fast as Yuji.　トムは雄二と同じくらい速く走ることができます。
・Tom cannot run as fast as Ken.　トムは健ほど速く走ることができません。

Challenge!

日本文に合う英文になるように，(　)内に適切な語を入れましょう。

(1) ルーシーは母親と同じくらい遅く帰宅しました。

　Lucy came home as (　　　　) (　　　　) her mother.

(2) 東京は京都ほど古くありません。

　Tokyo is (　　　　) (　　　　) (　　　　) as Kyoto.

(Challenge!の解答はp.92)

5 Work Experience

Scenes

1 何かの仕方について言えるようになろう。 QR

Scenes の意味

A: あなたはけん玉がほんとうにじょうずですね。
B: ありがとう。

A: 私にはけん玉の仕方がわかりません。
B: かんたんですよ。やってみたいですか。

「～の仕方」と言うときは…

I don't know **how to do** *kendama*. 私はけん玉の仕方がわかりません。

〈how to＋動詞の原形 ～〉の形を使うよ。

ポイント！

形 〈how to＋動詞の原形〉
意味 「どのように～するか，～の仕方」

【how以外の疑問詞も使える！】

I know what to do next. 私は次に何をしたらよいか知っています。

「何を～したらよいか」という意味だよ。

Do you know when to start? あなたはいつ出発したらよいか知っていますか。

「いつ～したらよいか」という意味だよ。

I don't know where to swim. 私はどこで泳いだらよいか知りません。

「どこで～したらよいか」という意味だよ。

Listen 久美とサムの対話を聞き，サムが遊び方を知っているものに○をつけましょう。 QR

a. (　　　)

b. (　　　)
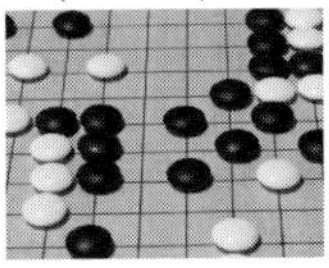

c. (　　　)

d. (　　　)

解答

b, c, d

対話文 QR

Kumi: Sam, why don't we play *shogi*? サム，いっしょに将棋をしませんか。

Sam: Sorry. I don't know how to play *shogi*. But I know how to play chess.
ごめんなさい。私は将棋の仕方がわかりません。でも，チェスの仕方はわかります。

Kumi: Oh, I don't know how to play chess. Then, how about *karuta* or *go*?
まあ，私はチェスの仕方はわかりません。それなら，カルタか碁はどうですか。

Sam: Well, I know how to play both. But I'm not good at *karuta*.
ええと，私は両方の仕方がわかります。でも，カルタは得意ではありません。

Speak & Write 自分ができることについて表現しましょう。

(例) *A:* I know how to cook *sukiyaki*.

B: Great. I know how to cook *takoyaki*.

例文の訳

A: 私はすき焼きの作り方を知っています。

B: すばらしいですね。私はたこ焼きの作り方を知っています。

解答例

- *A:* I know how to play the guitar. 私はギターのひき方を知っています。
  B: Great. I know how to play the piano. すばらしいですね。私はピアノのひき方を知っています。
- *A:* I know how to ride a unicycle. 私は一輪車の乗り方を知っています。
  B: Great. I know how to skate. すばらしいですね。私はスケートの仕方を知っています。
- *A:* I know how to write *ebi* in *kanji*. 私は漢字で「海老」と書く方法を知っています。
  B: Great. I know how to write *bara* in *kanji*.
  すばらしいですね。私は漢字で「薔薇」と書く方法を知っています。

単語・語句 QR

□ chess [**チェ**ス] 名 チェス

□ unicycle [**ユ**ニサイクル] 名 一輪車

□ *be good at* ～ ～が得意である

Try ① 表現例

(例：A -2) My favorite TV program is *Shoten*. 私の大好きなテレビ番組は『笑点』です。

2 人やものの様子や状態について言えるようになろう。 QR

Scenes の意味

A: 今日は体育の授業がとてもきつかったです。
B: あなたは疲れているように見えます。何をしたのですか。

A: 私たちは1,500メートル走りました。私は1位でした。
B: あなたはすばらしいアスリートになるでしょう。

「~に見える」と人の様子を言うときは…

You [are] tired.　あなたは疲れています。

↓

You [**look**] tired.
（tired：形容詞）

↑ 〈look＋形容詞〉の形を使うよ。

ポイント！

形：〈look＋形容詞〉
意味：「~に見える」「~のようだ」

【ものの様子も言える！】

The book looks difficult.　その本は難しそうに見えます。

↑ 「その本」について言っているよ。

「~になるでしょう」と言うときは…

You [are] a good athlete.　あなたはすばらしいアスリートです。

↓

You will [**become**] a good athlete.
（a good athlete：名詞）

↑ willのあとに〈become＋名詞〉の形を続けるよ。

ポイント!

形	〈become＋名詞[形容詞]〉	意味	「～になる」

【形容詞もあとにくる!】

The man became famous. その男性は有名になりました。

↑ 形容詞(famous)もくるよ。

【〈get＋形容詞〉の形もある!】

My father got angry. 私の父は怒りました。

↑ 〈get＋形容詞〉でも「～になる」という意味を表すよ。

Listen 3つの対話を聞き，内容に合う絵を選びましょう。 QR

❶ (　　) ❷ (　　) ❸ (　　)

a. b. c. d.

解答

❶ c

❷ a

❸ b

対話文 QR

❶ *Boy:* What happened? You look sleepy. 何か起きたのですか。あなたは眠そうに見えます。

Girl: This morning, I got up at five to finish my homework.

今朝，私は宿題を終わらせるために5時に起きました。

❷ *Boy:* You look cold. Are you OK? あなたは寒そうに見えます。大丈夫ですか。

Girl: Yes, but I want something hot to drink. はい，でも私は何か温かい飲み物がほしいです。

❸ *Girl:* I think I have a cold. 私はかぜをひいていると思います。

Boy: You look sick. You should see a doctor.

あなたは病気のように見えます。あなたは医者に診てもらうべきです。

Speak & Write 友だちの様子について表現しましょう。

(例) *A:* You look happy. What's up?

B: Well, the Lions won yesterday.

例文の訳

A: あなたはうれしそうに見えます。どうしましたか。

B: ええと，ライオンズが昨日，勝ちました。

(解答例はp.93，単語・語句はp.98へ)

3 だれかに何かを見せるということを言えるようになろう。 QR

Scenes の意味

A: 数学のテストはどうでしたか。
B: かんたんでした。私の点数を見せましょう。

A: すごい。ハイタッチしましょう。
B: ありがとう。

「～に…を見せましょう」 と言うときは…

I will **show** *you* **my score** .

動詞　人　もの

will show（動詞）のあとに〈人＋もの〉を続けるよ。

ポイント!

形　〈動詞（showなど）＋人＋もの〉

意味　「～（人）に…（もの）を―する」

【give, makeなどの動詞も使える！】

I gave *Koji* a birthday present yesterday.　私は昨日，浩司に誕生日プレゼントをあげました。

（gave：動詞　Koji：人　a birthday present：もの）

My grandmother made *me* a doll.　祖母は私に人形を１つ作ってくれました。

（made：動詞　me：人　a doll：もの）

代名詞は「～に」の形になるよ。

Challenge! 解答 (p.86, p.87)

1 (1) newer than　(2) more expensive than　(3) better than

2 (1) the fastest of　(2) the most famous　(3) the best in

3 (1) late as　(2) not as old

Listen アンと純の対話を聞き，内容に合うものに○，合わないものに×を書きましょう。 QR

❶ 純はサムにボールペンをあげようと思っている。　(　　　)
❷ アンはサムにクッキーを作ってあげようと思っている。　(　　　)
❸ 純はサムに誕生日カードを渡そうと思っている。　(　　　)

解答

❶ ×
❷ ○
❸ ×

対話文 QR

Ann: Jun, did you know tomorrow is Sam's birthday?
純，あなたは明日がサムの誕生日だということを知っていましたか。

Jun: Yes, of course. I'm going to give him a pencil case. How about you, Ann?
はい，もちろんです。私は彼に筆箱をあげるつもりです。あなたはどうですか，アン。

Ann: I'm going to make him cookies. I'm going to give him a birthday card too.
彼にクッキーを作ってあげるつもりです。彼に誕生日カードもあげようと思います。

Jun: I think he'll be happy.　私は彼が喜ぶと思います。

Speak & Write 自分にしてほしいことについて表現しましょう。

(例) *A:* Please tell me a funny story.
　　B: OK, I'll tell you one [some].

例文の訳

A: 私におかしな話をしてください。
B: いいですよ，私はあなたに１つ[いくつか]お話ししましょう。

解答例

・*A:* Please show me your pictures.　私にあなたの写真を見せてください。
　B: OK, I'll show you some.　いいですよ，私はあなたに何枚かお見せしましょう。
・*A:* Please make me a cake.　私にケーキを作ってください。
　B: OK, I'll make you one.　いいですよ，私はあなたに１つ作ってあげましょう。
・*A:* Please lend me your racket.　私にあなたのラケットを貸してください。
　B: OK, I'll lend you one.　いいですよ，私はあなたに１つ貸しましょう。

単語・語句 QR

□ score [スコー] 名 得点，成績
□ story [ストーリィ] 名 話，物語
□ lend [レンド] 動 貸す
□ *Give me five.*　ハイタッチしよう。

(p.91より)

解答例

・*A:* You look sad. What's up?　あなたは悲しそうに見えます。どうしましたか。
　B: Well, I broke my favorite cup.　ええと，私はお気に入りのカップを割ってしまいました。
・*A:* You look tired. What's up?　あなたは疲れているように見えます。どうしましたか。
　B: Well, I ran to the station.　ええと，私は駅まで走ったのです。

Think

1 ダニエルはスーパーマーケットで職場体験をしてきました。 QR

Mao: ❶ How《ハウ》 was《ワズ》 your《ユア》 work《ワーク》 experience《イクスピアリアンス》?

あなたの職場体験はどうでしたか

Daniel: ❷ It《イット》 was《ワズ》 good《グッド》. ❸ The《ザ》 staff《スタッフ》 members《メンバァズ》 treated《トゥリーティド》 me《ミー》 very《ヴェリィ》 kindly《カインドリィ》.

それは よかったです　スタッフのメンバーは 扱いました 私を とても親切に

> ❶のyour work experience「あなたの職場体験」をさしている。

Mao: ❹ Good《グッド》 for《フォー》 you《ユー》. ❺ So《ソウ》 what《(フ)ワット》 did you《ディヂュー》 do《ドゥー》?

よかったですね　それで あなたは何をしましたか

Daniel: ❻ I《アイ》 placed《プレイスト》 many《メニィ》 goods《グッズ》 on《アン》 the《ザ》 shelves《シェルヴズ》.

私は 置きました たくさんの品物を たなの上に

❼ I《アイ》 learned《ラーンド》 how《ハウ》 to《トゥー》 do《ドゥー》 it《イット》 well《ウェル》. ❽ But《バット》 I《アイ》 dropped《ドゥラップト》 a《ア》 pack《パック》 of《アヴ》 eggs《エッグズ》 on《アン》 the《ザ》 floor《フロー》 by《バイ》 mistake《ミステイク》.

私は 学びました それをじょうずにする仕方を　しかし 私は 落としました たまごのパックを 床の上に 誤って

> 〈how to＋動詞の原形〉の形を使った文。itは❻の「たくさんの品物をたなに置くこと」をさしている。

本文の意味

真央：❶あなたの職場体験はどうだった？

ダニエル：❷よかったよ。❸スタッフの人たちはぼくにとても親切にしてくれたよ。

真央：❹よかったわね。❺それで，何をしたの？

ダニエル：❻たくさんの品物をたなに置いたよ。❼ぼくはじょうずにする方法を学んだんだ。❽でも，誤ってたまごのパックを床に落としちゃったんだ。

真央：❾あら，まあ！

ダニエル：❿だれもぼくを責めなかったけど，一日じゅう，そのことが忘れられなかったよ。

真央：⓫大丈夫よ。⓬みんな間違いをするもの。

Mao: ❾ Oh《オウ》, no《ノウ》!
まさか

Daniel: ❿ No《ノウ》 one《ワン》 blamed《ブレイムド》 me《ミー》, but《バット》 I《アイ》 couldn't《クドント》 forget《ファゲット》
だれも責めませんでした 私を しかし 私は 忘れられませんでした

about《アバウト》 it《イット》 all《オール》 day《ディ》.
それについて 一日じゅう

Mao: ⓫ It's《イッツ》 OK《オウケイ》. ⓬ We《ウィー》 all《オール》 make《メイク》 mistakes《ミステイクス》.
大丈夫です 私たちは 全員 します 間違いを

no oneを主語にすると，「だれも～ない」という否定の意味の文になる。
itは❽の「誤ってたまごのパックを床に落とした」ことをさしている。

Q

① Were the staff members kind to Daniel?
スタッフのメンバーはダニエルに親切でしたか。

② What did Daniel drop by mistake?
ダニエルは誤って何を落としましたか。

A 解答例

❶ Yes, they were.
はい，親切でした。

❷ He dropped a pack of eggs (on the floor).
彼は(床の上に)たまごのパックを落としました。

単語・語句 QR

- □ treat(ed) [トゥリート(トゥリーティド)] 動 扱う
- □ kindly [カインドリィ] 副 親切に
- □ goods [グッズ] 名 商品，品物
- □ shelves [シェルヴズ] 名 shelf(たな)の複数形
- □ shelf [シェルフ] 名 たな
- □ pack [パック] 名 1包み[箱]
- □ mistake [ミステイク] 名 間違い，手違い
- □ blame(d) [ブレイム(ド)] 動 とがめる，責める，非難する
- □ couldn't [クドント] ＝could not
- □ *Good for you.* よかったですね。
- □ *by mistake* 誤って，間違って

2 今度は真央が自分の職場体験についてダニエルに話します。 QR

Daniel: ❶ Mao《マオ》, where《(フ)ウェア》 did you《ディヂュー》 work《ワーク》?

真央　あなたはどこで働きましたか

Mao: ❷ At a《アッタ》 hospital《ハスピトゥル》. ❸ Everything《エヴリスィング》 was《ワズ》 new《ニュー》 to《トゥー》 me《ミー》.

病院でです　すべてが新しかったです　私にとって

最上級mostが使われている。

Daniel: ❹ What《(フ)ワット》 do《ドゥー》 you《ユー》 remember《リメンバァ》 the《ザ》 most《モウスト》?

何を　あなたは覚えていますか　もっとも

Mao: ❺ Well《ウエル》, I《アイ》 saw《ソウ》 an《アン》 old《オウルド》 man《マン》 in《イン》 the《ザ》 waiting《ウェイティング》 room《ルーム》.

ええと　私は　見ました　高齢の男性を　待合室で

〈look＋形容詞〉の文。

❻ He《ヒー》 looked《ルックト》 lonely《ロウンリィ》. ❼ So《ソー》 I《アイ》 decided《ディサイディド》 to《トゥー》 speak《スピーク》 to《トゥー》 him《ヒム》.

彼は　さびしそうに見えました　だから　私は　決定しました　彼に話しかけることを

名詞的用法の不定詞。「彼に話しかけることを決定した」→「話そうと決めた」

Daniel: ❽ You《ユー》 spoke《スポウク》 to《トゥー》 him《ヒム》? ❾ What《(フ)ワット》 did you《ディヂュー》 talk《トーク》 about《アバウト》?

あなたは　彼に話しかけたのですか　あなたは何について話しましたか

本文の意味

ダニエル：❶真央，きみはどこで働いたの？

真央：❷病院よ。❸すべてのことが私には新鮮だったわ。

ダニエル：❹何をいちばん覚えているの？

真央：❺そうね，待合室で高齢の男性がいるのを見たの。❻さびしそうだったわ。❼だから彼に話しかけてみることにしたの。

ダニエル：❽話しかけたの？　❾何を話したの？

真央：❿ただよい聞き手になろうとしたの。⓫彼は話している間，とてもうれしそうだったわ。

ダニエル：⓬よくやったね。

真央：⓭ありがとう。⓮行動を起こすことが大切なんだって学んだわ。

Mao: ⑩ I《アイ》 just《ヂャスト》 tried《トゥライド》 to《トゥー》 be《ビー》 a《ア》 good《グッド》 listener《リスナァ》. ⑪ He《ヒー》 looked《ルックト》 very《ヴェリィ》 happy《ハピィ》 while《(フ)ワイル》 he《ヒー》 was《ワズ》 talking《トーキング》.

私は ただ やってみました よい聞き手になることを 彼は とてもうれしそうに見えました 彼が話している間に

Daniel: ⑫ You《ユー》 did《ディド》 a《ア》 good《グッド》 job《ヂャブ》.

あなたは しました よい仕事を

Mao: ⑬ Thanks《サンクス》. ⑭ I《アイ》 learned《ラーンド》 that《ザット》 to《トゥー》 take《テイク》 action《アクション》 was《ワズ》 important《インポートント》.

ありがとう 私は 学びました 行動を起こすことは重要だと

〈look＋形容詞〉の形が〈... while ～〉「～する間に…」の文の中で使われている。

learnedのあとに接続詞thatが導く文が続いている。that のうしろでは，名詞的用法の不定詞 to take action が主語になっている。

Q

① Why did Mao speak to the old man?
真央はなぜその高齢の男性に話しかけたのですか。

② Did the old man enjoy talking with Mao?
その高齢の男性は真央と話すことを楽しみましたか。

A 解答例

❶ Because he looked lonely.
なぜなら彼はさびしそうに見えたからです。

❷ Yes, he did. (He looked very happy while he was talking.)
はい，楽しみました。(彼は話している間，とてもうれしそうに見えました。)

単語・語句 QR

- ☐ remember［リメンバァ］動 覚えている，思い出す
- ☐ waiting room［ウェイティング ルーム］名 待合室
- ☐ lonely［ロウンリィ］形 さびしい
- ☐ spoke［スポウク］動 speak(話す)の過去形
- ☐ listener［リスナァ］名 聞き手
- ☐ while［(フ)ワイル］接 ～する間に
- ☐ action［アクション］名 行動
- ☐ *take action*　行動を起こす

Try ② 表現例

I know how to play the piano. I practice it every day.
私はピアノのひき方を知っています。私はそれを毎日練習します。

3 健が自分の職場体験について発表します。 QR

❶ I《アイ》 worked《ワークト》 at a《アッタ》 post《ポウスト》 office《オーフィス》. ❷ On《アン》 the《ザ》 third《サード》 day《ディ》, I《アイ》
私は 働きました 郵便局で 3日目に 私は

went to《ウェントゥー》 a《ア》 house《ハウス》 on a《アナ》 hill《ヒル》 with a《ウィザ》 mailman《メイルマン》. ❸ We《ウィー》
行きました 家へ 丘の上の 郵便配達員と 私たちは

walked《ウォークト》 up《アップ》 the《ザ》 hill《ヒル》 with a《ウィザ》 big《ビッグ》 package《パケッヂ》. ❹ It《イット》 was a《ワザ》
歩いて丘を上りました 大きな包みといっしょに 暑い日でした

hot《ハット》 day《ディ》, so《ソウ》 we《ウィー》 got《ガット》 all《オール》 sweaty《スウェティ》.
だから 私たちは すっかり汗びっしょりになりました

❺ An《アン》 old《オウルド》 woman《ウマン》 lived《リヴド》 there《ゼア》 alone《アロウン》. ❻ When《(フ)ウェン》 we《ウィー》
高齢の女性が 住んでいました そこに ひとりで 私たちが与えたとき

gave《ゲイヴ》 her《ハー》 the《ザ》 package《パケッヂ》, she《シー》 found《ファウンド》 out《アウト》 it《イット》 was《ワズ》 from《フラム》 her《ハー》
彼女に 包みを 彼女は 気づきました それは彼女の息子からのもので

son《サン》.
あることに

soのうしろは〈get＋形容詞〉の文。

〈give＋人＋もの〉の形が，〈When ～, ...〉「～のとき…」の文の中で使われている。
found outのあとに接続詞thatが省略されている。

本文の意味

❶ぼくは郵便局で働きました。❷3日目にぼくは郵便配達員と丘の上の家に行きました。❸大きな包みを抱えて歩いて丘を上りました。❹暑い日だったので，すっかり汗びっしょりになりました。
❺高齢の女性がひとりでそこに住んでいました。❻ぼくたちが包みを渡したとき，彼女はそれが息子さんからのものであることに気づきました。❼彼女はとてもうれしそうで，ぼくたちに何度もお礼を言いました。❽ぼくはそれを見てとてもうれしかったです。❾この職場体験はぼくに，ほかの人たちのために働くことの大切さを教えてくれました。

(p.91より)

単語・語句 QR

- □ meter(s) [ミータァ(ズ)] 名 メートル
- □ *get ～ place* (競争などで)～位になる
- □ become [ビカム] 動 ～になる

❼ She《シー》 looked《ルックト》 very《ヴェリィ》 happy《ハピィ》 and《アンド》 thanked《サンクト》 us《アス》 many《メニィ》 times《タイムズ》.

彼女は　とてもうれしそうに見えました　そして　感謝しました　私たちに　何度も

❽ I《アイ》 was《ワズ》 so《ソウ》 glad《グラッド》 to《トゥー》 see《スィー》 that《ザット》.

私は　とてもうれしかったです　それを見て

❾ This《ズィス》 work《ワーク》 experience《イクスピアリアンス》 taught《トート》 me《ミー》 the《ズィ》 importance《インポートンス》 of《アヴ》 working《ワーキング》 for《フォー》 others《アザァズ》.

この職場体験は　教えました　私に　働くことの大切さを　ほかの人たちのために

❼の高齢の女性がとてもうれしそうに見え，何度も感謝してくれたことをさしている。

〈teach＋人＋もの〉「(人)に(もの)を教える」の形。「もの」にあたる部分はthe importance of working for others「ほかの人たちのために働くことの大切さ」。

Q

① Did the old woman live with her family?
その高齢の女性は彼女の家族といっしょに住んでいましたか。

② What did Ken learn?
健は何を学びましたか。

A　解答例

❶ No, she didn't. (She lived alone.)
いいえ，住んでいませんでした。(彼女はひとりで住んでいました。)

❷ He learned the importance of working for others.
彼はほかの人たちのために働くことの大切さを学びました。

単語・語句　QR

- □ mailman［メイルマン］名 郵便配達員
- □ package［パケッヂ］名 包み
- □ sweaty［スウェティ］形 汗びっしょりの，汗をかいた
- □ alone［アロウン］副 ひとりで
- □ son［サン］名 息子
- □ daughter［ドータァ］名 娘
- □ glad［グラッド］形 うれしい
- □ taught［トート］動 teach(教える)の過去形《過去分詞形も同形》
- □ importance［インポートンス］名 重要性，大切さ
- □ *walk up* ～　歩いて～を上る
- □ *find out* ～　～を知る，～に気づく
- □ *many times*　何回も
- □ *be glad to* ～　～してうれしい

Try　③ 表現例

I want to be a person like Ichiro.　私はイチローのような人物になりたいと思っています。

Retell

❷

□ a supermarket　□ drop　□ by mistake

表現例

・Daniel worked at a supermarket.

ダニエルはスーパーマーケットで働きました。

・Daniel dropped a pack of eggs on the floor by mistake.

ダニエルは誤ってたまごのパックを床に落としました。

□ a hospital　□ speak to an old man　□ a good listener

表現例

・Mao worked at a hospital.

真央は病院で働きました。

・Mao decided to speak to an old man in the waiting room.

真央は待合室で高齢の男性に話しかけることにしました。

・Mao just tried to be a good listener.

真央はただよい聞き手になろうとしました。

□ a post office　□ give a package　□ an old woman　□ very happy

表現例

・Ken worked at a post office.

健は郵便局で働きました。

・When Ken gave a package to an old woman, she found out it was from her son.

健が高齢の女性に包みを渡したとき，彼女はそれが息子さんからのものであることに気づきました。

・The old woman looked very happy.

その高齢の女性はとてもうれしそうに見えました。

Interact

1 Do You Want to Know What to Do?

① 例文と訳

A: Excuse me, but I'm not good at running. I'd like to know how to run fast.
すみませんが，私は走るのが苦手です。私は速く走る方法を知りたいと思っています。

B: Do you want to know what to do? OK, I'll give you a hint. Move your legs and arms fast.
あなたは何をしたらよいか知りたいのですか。わかりました，あなたにヒントをあげましょう。自分の脚と腕を速く動かしなさい。

表現例

A: Excuse me, but I'm not good at getting up early. I'd like to know how to get up early.
すみませんが，私は早く起きるのが苦手です。私は早く起きる方法を知りたいと思っています。

B: Do you want to know what to do? OK, I'll give you a hint. Don't watch TV after dinner and go to bed early.
あなたは何をしたらよいか知りたいのですか。わかりました，あなたにヒントをあげましょう。夕食のあとはテレビを見ずに，早く寝なさい。

2 You Look Cool!

例文と訳

A: You look tired. What happened? あなたは疲れているように見えます。何かありましたか。

B: I studied hard last night. 私は昨夜いっしょうけんめいに勉強しました。

A: Oh, did you? I'll give you this chocolate.
おや，そうだったのですか。私はあなたにこのチョコレートをあげましょう。

B: Thank you. I'll be happy if you give me another one.
ありがとうございます。あなたがもう 1 つくれたら私はうれしいです。

表現例

A: You look sad. What happened? あなたは悲しそうに見えます。何かありましたか。

B: My test score was very bad. 私のテストの点数がとても悪かったのです。

A: Oh, was it? Come on! There's always next time!
おや，そうだったのですか。さあ，がんばってください！ いつだって次がありますよ！

B: Thank you. I'll be happy if you help me with my study.
ありがとうございます。あなたが私の勉強を手伝ってくれたら私はうれしいです。

発音クリニック

By the way, | do you have any plans | for next Saturday? ★カンマのあと，前置詞 for の前で区切ります。

If you have time, | tell me about your new class. ★カンマのあとで区切ります。

I think | everything is fine. ★ think のあとに接続詞 that が省略されています。that の前で区切ります。

(単語・語句はp.103へ)

英語のしくみ

1 how to ～　例文と訳

・I don't know how to play *shogi*.　私は将《しょう》棋《ぎ》の仕方を知りません。

・I don't know what to do next.　私は次に何をしたらよいか知りません。

・I don't know when to start.　私はいつ出発したらよいか知りません。

・I don't know where to go.　私はどこへ行けばよいか知りません。

Challenge!

日本文に合う英文になるように，(　)内に適切な語を入れましょう。

(1)私はどこで牛乳を買ったらよいか知っています。

I know (　　　　) (　　　　) (　　　　) milk.

(2)あなたはいつ買い物に行ったらよいか知っていますか。

Do you know (　　　　) (　　　　) (　　　　) shopping?

2 〈look＋形容詞〉〈get＋形容詞〉〈become＋名詞［形容詞］〉　例文と訳

・Ms. Miller looks happy.　ミラーさんはうれしそうに見えます。

(比較：Ms. Miller is happy.　ミラーさんはうれしいです。)

・I got tired.　私は疲れました。

(比較：I was tired.　私は疲れていました。)

・Rika became a famous singer.　リカは有名な歌手になりました。

(比較：Rika was a famous singer.　リカは有名な歌手でした。)

・Ken became famous.　健は有名になりました。

(比較：Ken was famous.　健は有名でした。)

Challenge!

日本文に合う英文になるように，(　)内の語を並べかえましょう。

(1)あなたは今日は忙しそうに見えます。　(look / you / today / busy).

(2)由香は人気のある作家になりました。　(became / popular / Yuka / writer / a).

3 〈主語＋動詞＋人＋もの〉　例文と訳

・My grandfather gave me his watch.　祖父は私に自分の腕時計をくれました。

・My aunt bought me a nice bag.　おばは私にすてきなかばんを買ってくれました。

・Ms. Miller tells us interesting stories.　ミラーさんは私たちにおもしろい話をしてくれます。

・Please send me a postcard from Canada.　カナダから私に絵はがきを送ってください。

・Our teacher showed us some pictures of his family.
先生は私たちに家族の写真を何枚か見せてくれました。

●〈もの＋to［for］＋人〉の語順でも表せます。

1. My grandfather gave his watch to *me*.　祖父は自分の腕時計を私にくれました。
2. My aunt bought a nice bag for *me*.　おばはすてきなかばんを私に買ってくれました。

Challenge!

日本文に合う英文になるように, (　)内の語句を並べかえましょう。

(1)おじは私にカップをくれました。　(a cup / my uncle / me / gave).

(2)彼女たちは私たちに駅への道を教えてくれました。　(showed / the way / us / they) to the station.

(Challenge!の解答はp.105)

(p.101より)

単語・語句　QR

- □ ※move［ムーヴ］動 動かす(→教科書p.10 動 引っ越す，教科書p.21 動 動く，移動する)
- □ arm(s)［アーム(ズ)］名 腕
- □ chocolate［チョーカラット］名 チョコレート
- □ excited［イクサイティド］形 興奮した
- □ bored［ボード］形 退屈した

Power-Up 3 レストランで食事をしよう

教科書 p.68

1 対話文 QR

Staff: Good afternoon. How many in your party? こんにちは。何人いらっしゃいますか。
Kaho: Three. Can we have a table by the window? 3人です。窓際のテーブルをお願いできますか。
Staff: Sure. Come this way. はい。こちらです。
（席に着いた果歩は注文します）
Staff: Are you ready to order? ご注文の準備はできましたか。
Kaho: Yes. I'd like to have pizza. What do you recommend?
はい。私はピザが食べたいです。何かお勧めはありますか。
Staff: I recommend the Sunshine Pizza. It tastes good.
サンシャインピザをお勧めします。おいしいですよ。
Kaho: Oh, does it? Then, I'll have it. そうですか。それでは，それをください。
Staff: Great. Anything else? すばらしいです。ほかに何かいかがですか。
Kaho: That's all for now. 今はそれで全部です。

2 解答例

① *Staff:* Good afternoon. How many in your party? こんにちは。何人いらっしゃいますか。
Customer: Four. 4人です。
Staff: Come this way, please. こちらへどうぞ。
（席に着いた客は注文します）
Staff: Are you ready to order? ご注文の準備はできましたか。
Customer: Yes. I'd like to have some soup. What do you recommend?
はい。私はスープが飲みたいです。何かお勧めはありますか。
Staff: I recommend the tomato soup. It tastes good.
トマトスープをお勧めします。おいしいですよ。
Customer: Then, I'll have it. それでは，それをください。

② *Staff:* Good afternoon. How many in your party? こんにちは。何人いらっしゃいますか。
Customer: Two. 2人です。
Staff: Come this way, please. こちらへどうぞ。
（席に着いた客は注文します）
Staff: Are you ready to order? ご注文の準備はできましたか。
Customer: Yes. I'd like to have some salad. What do you recommend?
はい。私はサラダが食べたいです。何かお勧めはありますか。
Staff: I recommend the potato salad. It tastes good.
ポテトサラダをお勧めします。おいしいですよ。
Customer: Then, I'll have it. We'd like to share. Is it big enough for two?
それでは，それをください。2人で分けたいです。大きさは十分ですか。
Staff: Yes, it is. No problem. はい，十分です。問題ありません。

③ *Staff:* Good afternoon. How many in your party? こんにちは。何人いらっしゃいますか。

Customer: Two. 2人です。

Staff: Come this way, please. こちらへどうぞ。

(席に着いた客は注文します)

Staff: Are you ready to order? ご注文の準備はできましたか。

Customer: Yes. I'd like to have steak. What do you recommend?
はい。私はステーキが食べたいです。何かお勧めはありますか。

Staff: I recommend the Sunshine Steak. It tastes good.
サンシャインステーキをお勧めします。おいしいですよ。

Customer: Oh, does it? Then, I'll have it.
おお，そうですか。それでは，それをください。

Staff: How would you like your steak? ステーキの焼き加減はいかがなさいますか。

Customer: Medium, please. ミディアムでお願いします。

Staff: All right. Would you like something to drink? 承知しました。お飲み物はいかがでしょうか。

Customer: Yes. I'd like coffee. はい。コーヒーをください。

単語・語句 QR

- □ ready [レディ] 形 準備[用意]ができた
- □ order [オーダァ] 動 注文する
- □ recommend [レカメンド] 動 勧める
- □ Sunshine Pizza [サンシャイン ピーツァ] 名 サンシャインピザ(架空のピザの名)
- □ ※taste [テイスト] 動 (〜な)味がする(→教科書p.29 名 風味，味わい)
- □ else [エルス] 副 ほかに[の]
- □ we'd [ウィード] ＝we would
- □ *Good afternoon.* こんにちは。
- □ *be ready to* 〜 〜する準備[用意]ができている
- □ *Would you like* 〜? 〜はいかがですか。

Challenge! 解答 (p.103)

1 (1) where to buy (2) when to go

2 (1) You look busy today. (2) Yuka became a popular writer.

3 (1) My uncle gave me a cup. (2) They showed us the way to the station.

PROGRAM 6 Live Life in True Harmony

Scenes

1 されていることや，されたことについて言えるようになろう。 QR

Scenes の意味

A: このチョコレートはおいしいですね。
B: 生クリームが使われていると思います。

A: なるほど。北海道で作られているのですね。
B: うーん。おいしい。

「～される」と言うときは…

I think fresh cream **is used**.
「使われる」

〈be動詞＋過去分詞〉の形で表すよ。

It **is made** in Hokkaido.
「作られる」

ポイント!

形	〈be動詞＋過去分詞〉
意味	「～され(てい)る」／「～され(てい)た」

【過去分詞形の作り方】

・規則動詞…過去形と同じように原形に-(e)dをつける。　use ⇒ used　play ⇒ played

・不規則動詞…不規則な形に変化する。　make ⇒ made　see ⇒ seen　sell ⇒ sold

Listen アンがクイズを出しています。内容に合う絵を選びましょう。QR

❶（　　　）　❷（　　　）　❸（　　　）

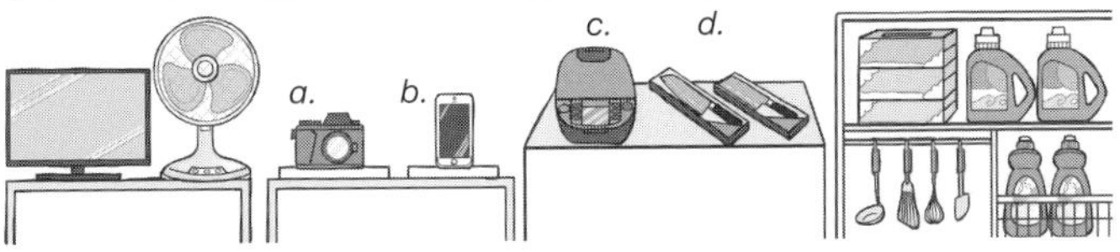

解答

❶ b

❷ d

❸ c

英文 QR

❶ *Ann:* This is used when you take pictures. It is used when you send emails too.
あなたが写真をとるとき，これは使われます。それはメールを送るときにも使われます。

❷ *Ann:* This is seen in the kitchen. It is used when you cut something.
これは台所で見られます。それは何かを切るときに使われます。

❸ *Ann:* This is seen in the kitchen. It is used when you cook rice.
これは台所で見られます。それはお米を炊くときに使われます。

Speak & Write 身の回りのものについてクイズを出し合いましょう。▶ 巻末資料⑩ (p.139)

(例) It's sold at a ①stationery store.
It's used when we ②draw a line.

例文の訳

・それは文房具店で売られています。

・それは線を引くときに使われます。

解答例

・It's sold at a ①bookstore. それは書店で売られています。
It's used when we ②study English. それは私たちが英語を勉強するときに使われます。

・It's sold at a ①supermarket. それはスーパーマーケットで売られています。
It's used when we ②make curry. それは私たちがカレーを作るときに使われます。

単語・語句 QR

□ harmony［ハーマニィ］名 ハーモニー，調和

□ yummy［ヤミィ］形（*Yummy.*で）おいしい。

□ ※email［イーメイル］名（電子）メール（→教科書p.11 動（電子）メールを送る）

□ seen［スィーン］動 see（見る）の過去分詞形

□ kitchen［キチャン］名 台所，キッチン

□ sold［ソウルド］動 sell（売る）の過去分詞形《過去形も同形》

□ sell［セル］動 売る

□ stationery［ステイショネリィ］名 文房具，事務用品

□ ※line［ライン］名 線（→教科書p.44 名 列，行列）

Try ①表現例

（例：A -3）My favorite sport is rugby. 私の大好きなスポーツはラグビーです。

2 だれかに何かされていることや，されたことについて言えるようになろう。 QR

Scenes の意味

A: 金閣寺はとてもすばらしく見えます。
B: それは足利義満によって建てられました。

A: 銀閣寺も彼によって建てられたのですか。
B: いいえ。それは足利義政によって建てられました。

「…によって～された」 と動作の行為者をはっきり示すときは…

Ashikaga Yoshimitsu built it.　足利義満がそれを建てました。

It was built by Ashikaga Yoshimitsu.

〈be動詞＋過去分詞〉

〈be動詞＋過去分詞〉のあとに by ... 「…によって」 を続けるよ。

ポイント!

形　〈be動詞＋過去分詞＋by ...〉

意味　「…によって～され(てい)る」 ／ 「…によって～され(てい)た」

「…によって～されましたか」 とたずねるときは…

Was Ginkakuji Temple **built** **by** him too **?**

be動詞(was)を主語の前に出すよ。

代名詞は「～を[に]」の形になるよ。

ポイント！

形 〈be動詞＋主語＋過去分詞＋by ...?〉

意味 「…によって～され(てい)ますか」／「…によって～され(てい)ましたか」

【否定文の形！】

Ginkakuji Temple **was not built** by Ashikaga Yoshimitsu. 銀閣寺は足利義満によって建てられたのではありません。

be動詞(was)のあとに not を置くよ。

Listen サムと久美の対話を聞き，内容に合うものを選びましょう。 QR

❶ 久美が今読んでいる本は(　宮沢賢治 ／ 夏目漱石《そうせき》　)によって書かれた。

❷ 久美がいちばん好きな本は(　宮沢賢治 ／ 夏目漱石　)によって書かれた。

解答

❶ 宮沢賢治

❷ 夏目漱石

対話文 QR

Sam: What book are you reading, Kumi? 久美，あなたは何の本を読んでいるのですか。

Kumi: I'm reading *Kaze no Matasaburo*. It was written by Miyazawa Kenji.
私は『風の又三郎』を読んでいます。それは宮沢賢治によって書かれました。

Sam: Is it interesting? それはおもしろいですか。

Kumi: Yes, but I like *Botchan* the best. はい，でも『坊っちゃん』がいちばん好きです。

Sam: Was that book written by Miyazawa Kenji too? その本も宮沢賢治によって書かれたのですか。

Kumi: No, it was written by Natsume Soseki. いいえ，それは夏目漱石によって書かれました。

Speak & Write だれかによってされたものについて表現しましょう。

(例) *A:* I like the song "Arigato."

B: Is it sung by Ayaka?

A: No. It is sung by Ikimonogakari.

例文の訳

A: 私は『ありがとう』という歌が好きです。

B: それは絢香によって歌われていますか。

A: いいえ。それはいきものがかりによって歌われています。

解答例

A: I like the book *Karafuru* [*Colorful*]. 私は『カラフル』という本が好きです。

B: Is it written by Mori Eto? それは森絵都によって書かれていますか。

A: Yes. It is written by her. はい。それは彼女によって書かれています。

(単語・語句はp.111へ)

3 「~に知られている」「~でおおわれている」と言えるようになろう。 QR

Scenes の意味

A: 白川郷の家々は美しいです。
B: はい。白川郷は世界じゅうの人々に知られています。

A: すべての家々が雪でおおわれています。
B: 夜も美しいですよ。

「~に知られている」 と言うときは…

Shirakawago **is known to** people around the world.

〈be動詞+known to ~〉の形で表すよ。byは使わないよ。

ポイント!

形 〈be動詞+known to ~〉

意味 「~に知られている」

「~でおおわれている」 と言うときは…

All the houses **are covered with** snow.

〈be動詞+covered with ~〉の形で表すよ。byは使わないよ。

ポイント!

形 〈be動詞+covered with ~〉

意味 「~でおおわれている」

Listen 純がクイズを出しています。内容に合う写真を選びましょう。 QR

❶ (　　　)　❷ (　　　)　❸ (　　　)

a.

b.
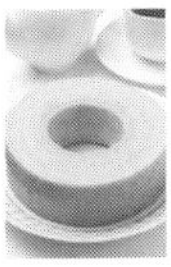
c.

d.

e.

解答

❶ e

❷ a

❸ c

英文 QR

❶ *Jun:* It's a little sour. It's made from milk.　それは少しすっぱいです。それは牛乳から作られます。

❷ *Jun:* It's sweet and cold. It's made from milk.　それは甘くて冷たいです。それは牛乳から作られます。

❸ *Jun:* It's usually brown and hard. It's made of wood.
それはたいてい茶色でかたいです。それは木材から作られます。

Speak & Write 原料や材料について表現しましょう。

(例) *A:* What is ①butter made from?
B: I know. It's made from ②milk.

例文の訳

A: バターは何から作られますか。

B: 私は知っています。それは牛乳から作られます。

解答例

- *A:* What is ①*tofu* made from?　①豆腐は何から作られますか。
  B: I know. It's made from ②soybeans.　私は知っています。それは②大豆から作られます。
- *A:* What is ①*udon* made from?　①うどんは何から作られますか。
  B: I know. It's made from ②flour.　私は知っています。それは②小麦粉から作られます。
- *A:* What is ①this desk made of?　①この机は何で作られていますか。
  B: I know. It's made of ②wood.　私は知っています。それは②木材で作られています。

単語・語句 QR

- □ known [ノウン] 動 know(知る)の過去分詞形
- □ cover(ed) [カヴァ(ド)] 動 おおう
- □ wood [ウッド] 名 木材,(複数形で)森, 林
- □ T-shirt [ティーシャート] 名 Tシャツ
- □ soybean(s) [ソイビーン(ズ)] 名 大豆
- □ flour [フラウア] 名 小麦粉
- □ cotton [カトン] 名 綿(わた, めん)

(p.109より)

単語・語句 QR

- □ built [ビルト] 動 build(建てる)の過去分詞形《過去形も同形》
- □ written [リトン] 動 write(書く)の過去分詞形
- □ sung [サング] 動 sing(歌う)の過去分詞形
- □ paint [ペイント] 動 (絵具で絵を)描く

Think

1 ミラー先生が歌を口ずさみながら作業していると，健が通りかかります。 QR

was usedは〈be動詞＋過去分詞〉の形。wasは過去形なので，過去のことを表している。
Itは❶のthat song「その歌」をさしている。

Ken: ❶ I《アイ》 know《ノウ》 that《ザット》 song《ソーング》. ❷ It《イット》 was《ワズ》 used《ユーズド》
私は 知っています その歌を　それは 使われていました

in a《イナ》 TV《ティーヴィー》 commercial《カマーシャル》.
テレビのコマーシャルで

Ms. Miller: ❸ It's《イッツ》 Stevie《スティーヴィー》 Wonder's《ワンダァズ》 song《ソーング》.
それはスティービー・ワンダーの歌です

Ken: ❹ Is《イズ》 he《ヒー》 a《ア》 famous《フェイマス》 musician《ミューズィシャン》?
ですか 彼は 有名なミュージシャン

are sung は〈be動詞＋過去分詞〉の形。

Ms. Miller: ❺ Yes《イェス》. ❻ His《ヒズ》 songs《ソーングズ》 are《アー》 sung《サング》 all《オール》 over《オウヴァ》 the《ザ》
はい　彼の歌は 歌われています 世界じゅうで

world《ワールド》. ❼ He《ヒー》 tackles《タクルズ》 difficult《ディフィカルト》 problems《プラブラムズ》
彼は 取り組んでいます 難しい問題に

through《スルー》 his《ヒズ》 music《ミューズィック》.
彼の音楽を通して

本文の意味

健：❶その歌を知っています。❷テレビのコマーシャルで使われていました。
ミラー先生：❸スティービー・ワンダーの歌ですよ。
健：❹彼は有名なミュージシャンですか。
ミラー先生：❺ええ。❻彼の歌は世界じゅうで歌われています。❼彼は自分の音楽を通して難しい問題に取り組んでいます。
健：❽なぜそうしているのですか。
ミラー先生：❾政治の問題に興味があるのです。❿歌で私たちに大切なメッセージを伝えているのです。

Ken: ❽ Why《(フ)ワイ》 does《ダズ》 he《ヒー》 do《ドゥー》 that《ザット》?
なぜ　彼はするのですか　それを

❼の内容「彼の音楽を通して難しい問題に取り組んでいる」ことをさしている。

Ms. Miller: ❾ He's《ヒーズ》 interested《イントゥラスティド》 in《イン》 political《パリティカル》 issues《イシューズ》. ❿ He《ヒー》 gives《ギヴズ》 important《インポートント》 messages《メスィッヂズ》 to《トゥー》 us《アス》 in《イン》 his《ヒズ》 songs《ソーングズ》.
彼は政治の問題に興味があります　彼は　与えます　大切なメッセージを　私たちに　彼の歌で

Q

① Did Ken know a lot about Stevie Wonder?
健はスティービー・ワンダーについてたくさん知っていましたか。

② What does Stevie Wonder do through his music?
スティービー・ワンダーは音楽を通して何をしますか。

A 解答例

❶ No, he didn't.
いいえ，知りませんでした。

❷ He tackles difficult problems (through his music).
彼は(音楽を通して)難しい問題に取り組んでいます。

単語・語句 QR

- □ commercial［カマーシャル］名 コマーシャル，広告放送
- □ Stevie Wonder［スティーヴィー ワンダァ］名 スティービー・ワンダー(人名)(アメリカのミュージシャン)
- □ tackle(s)［タクル(ズ)］動 取り組む
- □ through［スルー］前 ～を通して
- □ political［パリティカル］形 政治の
- □ issue(s)［イシュー(ズ)］名 (議論される重大な)問題
- □ message(s)［メスィッヂ(ズ)］名 伝言，伝えたいこと
- □ *all over the world*　世界じゅうで

2 ミラー先生はスティービー・ワンダーについての話を続けます。 QR

〈be動詞＋過去分詞〉の文の疑問文。by Stevie Wonderで行為者を示している。
itは❶のthe song “Happy Birthday”「『ハッピーバースデー』という歌」をさしている。

Ms. Miller: ❶ Do《ドゥー》 you《ユー》 know《ノウ》 the《ザ》 song《ソーング》 “Happy《ハピィ》 Birthday《バースディ》”?
あなたは知っていますか　『ハッピーバースデー』という歌を

Ken: ❷ No.《ノウ》 ❸ Was《ワズ》 it《イット》 written《リトン》 by《バイ》 Stevie《スティーヴィー》 Wonder《ワンダァ》?
いいえ　それは書かれたのですか　スティービー・ワンダーによって

was usedは〈be動詞＋過去分詞〉の形。
to以下は目的を表す副詞的用法の不定詞。

Ms. Miller: ❹ Yes,《イェス》 it《イット》 was.《ワズ》 ❺ It《イット》 was《ワズ》 used《ユーズド》 to《トゥー》 set up a《セッタッパ》 national《ナショヌル》 holiday《ハラディ》 for《フォー》 Dr.《ダクタァ》 Martin《マートン》 Luther《ルーサァ》 King,《キング》 Jr.《デューニャ》
はい，そうです　それは　使われました　国民の祝日を創設するために　マーティン・ルーサー・キング，ジュニア牧師のための

Ken: ❻ I《アイ》 know《ノウ》 his《ヒズ》 name.《ネイム》 ❼ He《ヒー》 fought《フォート》 for《フォー》 civil《スィヴァル》 rights.《ライツ》
私は　知っています　彼の名前を　彼は　たたかいました　公民権のために

was influencedは〈be動詞＋過去分詞〉の形。
byのあとのDr. Kingが感化した人。

Ms. Miller: ❽ That's《ザッツ》 right.《ライト》 ❾ Stevie《スティーヴィー》 was《ワズ》 greatly《グレイトリィ》 influenced《インフルアンスト》 by《バイ》 Dr.《ダクタァ》 King.《キング》
そのとおりです　スティービーは　非常に感化されました　キング牧師によって

本文の意味

ミラー先生：❶『ハッピーバースデー』という歌を知っていますか。
健：❷知りません。❸その歌はスティービー・ワンダーによって書かれたのですか。
ミラー先生：❹はい，そうです。❺マーティン・ルーサー・キング，ジュニア牧師のための国民の祝日を創設するために使われました。
健：❻彼の名前を知っています。❼彼は公民権のためにたたかったのですよね。
ミラー先生：❽そのとおりです。❾スティービーはキング牧師に大いに感化されました。
健：❿わかりました。⓫その祝日はアメリカ合衆国のすべての人々によって祝われているのですか。
ミラー先生：⓬もちろんです。⓭キング牧師は私たちにお互いに尊敬する方法を示しました。

Ken: ⑩ I《アイ》 see《スィー》. ⑪ Is《イズ》 the《ザ》 holiday《ハラディ》 celebrated《セラブレイティド》 by《バイ》 all《オール》

わかりました　その祝日は祝われていますか　すべての人々

people《ピープル》 in《イン》 the《ザ》 U.S.《ユーエス》?

によって　アメリカ合衆国の

〈be動詞＋過去分詞〉の文の疑問文。by all people in the U.S.で行為者を示している。

Ms. Miller: ⑫ Of《アフ》 course《コース》. ⑬ Dr.《ダクタァ》 King《キング》 showed《ショウド》 us《アス》

もちろんです　キング牧師は　示しました　私たちに

a《ア》 way《ウェイ》 of《アヴ》 mutual《ミューチュアル》 respect《リスペクト》.

相互の尊敬の方法を

〈show＋人＋もの〉「(人)に(もの)を示す」の形。

Q

① Did Stevie write the song "Happy Birthday"?
スティービー・ワンダーは『ハッピーバースデー』という歌を書きましたか。

② What did Dr. King show us?　キング牧師は何を示しましたか。

A

解答例

❶ Yes, he did.　はい，書きました。

❷ He showed us a way of mutual respect.
彼は私たちにお互いに尊敬する方法を示しました。

単語・語句 QR

- □ Happy Birthday [ハピィ バースディ] 名 ハッピーバースデー(歌のタイトル)
- □ holiday [ハラディ] 名 休日
- □ Dr. [ダクタァ] 名 博士，医師(= doctor)
- □ Martin Luther King, Jr. [マートン ルーサァ キング デューニャ] 名 マーティン・ルーサー・キング，ジュニア(人名)(キング牧師)
- □ fought [フォート] 動 fight(たたかう)の過去形《過去分詞形も同形》
- □ fight [ファイト] 動 たたかう
- □ civil rights [スィヴァル ライツ] 名 公民権
- □ greatly [グレイトリィ] 副 大いに，非常に
- □ influence(d) [インフルアンス(ト)] 動 影響を及ぼす，感化する
- □ celebrate(d) [セラブレイト(セラブレイティド)] 動 祝う，祝福する
- □ mutual [ミューチュアル] 形 相互の
- □ respect [リスペクト] 名 尊敬，敬意
- □ *set up* ～　～を創設する，～を設立する

Try

② 表現例

(例：B -2) I want to live in Hokkaido because I like skiing.
私はスキーをすることが好きなので，北海道に住みたいです。

3 健はミラー先生から借りた本を読んでいます。 QR

❶ In《イン》 1984《ナインティーンエイティフォー》, Stevie《スティーヴィー》 won《ワン》 an award《アナウォード》 for《フォー》 the《ザ》 song《ソーング》

1984年に　スティービーは　勝ちとりました　賞を　『心の愛』という歌で

“I《アイ》 Just《ヂャスト》 Called《コールド》 to《トゥー》 Say《セイ》 I《アイ》 Love《ラヴ》 You《ユー》.” ❷ He《ヒー》 dedicated《デディケイティド》

彼は　ささげました

the《ズィ》 award《アウォード》 to《トゥー》 Nelson《ネルスン》 Mandela《マンデラ》.

その賞を　ネルソン・マンデラに

〈be動詞＋known to ～〉の形。過去の文。byではなくtoを使う。

❸ Mandela《マンデラ》 was《ワズ》 known《ノウン》 to《トゥー》 people《ピープル》 as《アズ》 a《ア》 black《ブラック》 rights《ライツ》

マンデラは　人々に知られていました　黒人の権利の指導者として

was lockedは〈be動詞＋過去分詞〉の形。

leader《リーダァ》 in《イン》 South《サウス》 Africa《アフリカ》. ❹ He《ヒー》 was《ワズ》 locked《ラックト》 in《イン》 jail《ヂェイル》

南アフリカ共和国で　彼は　閉じ込められました　刑務所に

for《フォー》 27《トゥウェンティセヴァン》 years《イアズ》. ❺ Later《レイタァ》, he《ヒー》 became《ビケイム》 the《ザ》 first《ファースト》 black《ブラック》

27年の間　後に　彼は　最初の黒人の大統領になりました

president《プレザダント》 of《アヴ》 the《ザ》 country《カントゥリィ》.

その国の

本文の意味

❶1984年，スティービーは『心の愛』という歌で賞を獲得しました。❷彼はその賞をネルソン・マンデラにささげました。

❸マンデラは，南アフリカ共和国で黒人の権利(運動)の指導者として人々に知られていました。❹彼は27年の間，刑務所に閉じ込められていました。❺後に，彼はその国で初めての黒人の大統領になりました。

❻スティービーはかつて，「私たちは心から仲よく暮らすことができるし，そうしなくてはなりません。」と言いました。❼今日，彼の歌は，世界じゅうで非常にたくさんの人々によって歌われています。

❻ Stevie《スティーヴィー》 once《ワンス》 said《セッド》, “We《ウィー》 can《キャン》 and《アンド》 must《マスト》 live《リヴ》 life《ライフ》 in《イン》 true《トゥルー》 harmony《ハーマニィ》.”

スティービーは かつて 言いました 私たちは 暮らすことができるし，また暮らさなくてはなりません ほんとうの調和の中で

❼ Today《タディ》 his《ヒズ》 songs《ソーングズ》 are《アー》 sung《サング》 by《バイ》 millions《ミリャンズ》 of《アヴ》 people《ピープル》 around《アラウンド》 the《ザ》 world《ワールド》.

今日 彼の歌は 歌われています 非常にたくさんの人々によって 世界じゅうで

> are sung は〈be動詞＋過去分詞〉の形。by millions of people が行為者を表している。

Q

① Who did Stevie dedicate the award to?
スティービーはだれにその賞をささげましたか。

② Did Stevie have respect for Mandela?
スティービーはマンデラを尊敬していましたか。

A 解答例

❶ He dedicated it to Nelson Mandela.
彼はそれをネルソン・マンデラにささげました。

❷ Yes, he did. (He dedicated the award for the song “I Just Called to Say I Love You” to Nelson Mandela.)
はい，尊敬していました。(彼は『心の愛』という歌で獲得した賞をネルソン・マンデラにささげました。)

単語・語句 QR

- □ award [アウォード] 名 賞
- □ I Just Called to Say I Love You [アイ チャスト コールド トゥー セイ アイ ラヴ ユー] 名 心の愛(歌のタイトル)
- □ dedicate(d) [デディケイト(デディケイティド)] 動 ささげる
- □ Nelson Mandela [ネルスン マンデラ] 名 ネルソン・マンデラ(人名) (元南アフリカ共和国大統領)
- □ ※as [アズ] 前 ～として(→教科書p.50 副 接 (*as* ～ *as* ...の形で)…と同じくらい～)
- □ South Africa [サウス アフリカ] 名 南アフリカ共和国
- □ lock(ed) [ラック(ト)] 動 閉じ込める
- □ jail [ジェイル] 名 刑務所
- □ president [プレザダント] 名 大統領
- □ million(s) [ミリャン(ズ)] 名 100万
- □ *millions of* ～ 何百万もの～，非常にたくさんの～

Try ③ 表現例

(例：A-4) I know how to make sandwiches.
私はサンドイッチの作り方を知っています。

Retell

❷

□ Stevie Wonder　□ a famous musician　□ tackle difficult problems

表現例

・Stevie Wonder is a famous musician.
スティービー・ワンダーは有名なミュージシャンです。

・Stevie tackles difficult problems through his music.
スティービーは音楽を通して難しい問題に取り組んでいます。

□ Dr. King　□ influenced　□ fight　□ civil rights

表現例

・Stevie Wonder was greatly influenced by Dr. King.
スティービー・ワンダーはキング牧師に大いに感化されました。

・Dr. King fought for civil rights.
キング牧師は公民権のためにたたかいました。

□ Nelson Mandela　□ the first black president　□ South Africa
□ live life in true harmony

表現例

・Nelson Mandela became the first black president of South Africa.
ネルソン・マンデラは南アフリカ共和国で初めての黒人の大統領になりました。

・Stevie said, “We can and must live life in true harmony.”
スティービーは「私たちは心から仲よく暮らすことができるし，そうしなければなりません。」と言いました。

Interact

1 What Do You Think?

表現例

・Do you think *STAR WARS* is loved by people in Japan?
『スター・ウォーズ』は日本の人々に愛されていると思いますか。

・Do you think Mt. Fuji is known to people around the world?
富士山は世界じゅうの人々に知られていると思いますか。

・Do you think Midori Park is loved by people in our city?
緑公園は私たちの市の人々に愛されていると思いますか。

・Do you think Stevie Wonder is known to students in our school?
スティービー・ワンダーは私たちの学校の生徒に知られていると思いますか。

・Do you think Mr. Arita is loved by our classmates?
有田先生は私たちのクラスメートに愛されていると思いますか。

例文と訳

A: Do you think *sushi* is loved by people in the U.S.?
すしはアメリカ合衆国の人々に愛されていると思いますか。

B: I think so. I hear there are a lot of *sushi* restaurants in the U.S.
そう思います。アメリカ合衆国にはたくさんのすしレストランがあるそうですね。

A: What kind of *sushi* is there in the U.S.?
アメリカ合衆国ではどんな種類のすしがありますか。

B: I don't know exactly, but there is some unique *sushi*.
正確にはわかりませんが，独特なすしがあります。

2 Do You Know This?

① 例文と訳

This is Himeji Castle. It was built over 400 years ago. It's a World Heritage Site. So it's known to people around the world. I think it's one of the most beautiful castles in Japan.
これは姫路城です。400年以上前に建てられました。世界遺産です。それで世界じゅうの人々に知られています。日本でもっとも美しい城の１つだと思います。

単語・語句 QR

□ Himeji Castle［キャスル］名 姫路城
□ castle(s)［キャスル(ズ)］名 城
□ ※over［オウヴァ］前 ～以上(→教科書p.72 前 ～のいたるところで)

英語のしくみ

◇受け身を表す文

例文の訳

・English is used in many countries.　英語は多くの国で使われています。

・Is English used in China?　英語は中国で使われていますか。

・English isn't used there.　英語はそこでは使われていません。

・*Botchan* was written by Natsume Soseki.　『坊っちゃん』は夏目漱石によって書かれました。

・Was *Botchan* written by Natsume Soseki?　『坊っちゃん』は夏目漱石によって書かれたのですか。

・*Takekurabe* wasn't written by Natsume Soseki.
　『たけくらべ』は夏目漱石によって書かれたのではありません。

・My mother made this cake.　私の母がこのケーキを作りました。

・This cake was made by my mother.　このケーキは私の母によって作られました。

・*Kabuki* is known to many people in the world.　歌舞伎は世界じゅうのたくさんの人々に知られています。

・The top of Mt. Fuji is covered with snow.　富士山の頂上は雪でおおわれています。

Challenge!

日本文に合う英文になるように，(　)内の語句を並べかえましょう。

(1) サッカーはたくさんの国々でプレーされています。　(many countries / soccer / played / in / is).

(2) この絵はジャックによって描かれたのですか。　(by / this picture / Jack / was / painted)?

(3) これらのメールは恵理によって送られたのではありません。(not / Eri / these emails / sent / were / by).

(4) この歌は日本の多くの人々に知られています。　(known / many people / this song / to / is) in Japan.

発音クリニック

● eaの発音　[iː イー]　read [リード]　please [プリーズ]　sea [スィー]　eat [イート]　leave [リーヴ]

[e エ]　pleasure [プレジャ]

[ei エイ]　great [グレイト]

● ooの発音　[u ウ]　look [ルック]　good [グッド]　footprint [フットプリント]

[uː ウー]　soon [スーン]　school [スクール]　food [フード]

● ouの発音　[au アウ]　house [ハウス]　outside [アウトサイド]　around [アラウンド]

[uː ウー]　soup [スープ]

[ʌ ア]　country [カントゥリィ]

[ɔː オー]　bought [ボート]

(Challenge!の解答はp.121)

Steps 3 会話をつなげ，深めよう

教科書 p.78

1 対話文と訳

Taku: I like Tokugawa Ieyasu.　私は徳川家康が好きです。

Emma: **❶あいづち**　Oh, do you? [Ieyasu? / Oh, really?]

ああ，そうなのですか。[家康ですか。／ああ，ほんとうですか。]

❷家康がだれなのかわからないとき　Who is Ieyasu?　Is he a singer [a scientist / your friend]?

家康とはだれですか。彼は歌手[科学者／あなたの友だち]ですか。

❸家康についてくわしく知りたいとき　Why do you like him?　Tell me more about him.

なぜ彼が好きなのですか。彼についてもっと教えてください。

単語・語句 QR

□ scientist [サイアンティスト] 名 科学者

□ ※more [モー] 名 もっと多くのこと(→教科書p.50 副 もっと(muchの比較級))

Challenge! 解答 (p.120)

(1) Soccer is played in many countries.

(2) Was this picture painted by Jack?

(3) These emails were not sent by Eri.

(4) This song is known to many people in Japan.

Our Project 5 こんな人になりたい

教科書 p.79 ~ p.83

1

① 英文と訳

Thomas Alva Edison (1847-1931) トーマス・アルバ・エジソン

A Great Inventor 偉大な発明家

He is known as a great American inventor. He got over 1,000 patents in the U.S. He invented many things such as practical light bulbs. (Mika)

彼は偉大なアメリカの発明家として知られています。彼はアメリカ合衆国で1,000を超える特許を取りました。彼は，たとえば実用的な電球などの多くのものを発明しました。(美香)

A Hard Worker 働き者

He loved his work. He slept only three or four hours a day. Even after he became 80, he kept working hard. (Daisuke)

彼は自分の仕事を愛していました。彼は1日に3時間か4時間しか寝ませんでした。80歳になったあとでさえ，彼はいっしょうけんめいに働き続けました。(大介)

Positive 前向き

He failed many times, but he didn't think failure was bad. He thought he was lucky to learn many things from failure. (Momoko)

彼はたくさん失敗しましたが，失敗は悪いとは考えませんでした。彼は，失敗から多くのものごとを学んで幸運だと思いました。(桃子)

What Can We Learn from Edison? 私たちはエジソンから何を学ぶことができるでしょうか。

He never stopped challenging himself. If we don't try anything, we won't get anything. We mustn't be afraid of failure. (Takeshi)

彼は自分自身に挑戦することを決してやめませんでした。もし何も挑戦しなければ，私たちは何も得ることはないでしょう。私たちは失敗を恐れてはいけません。(武史)

2

① 例文と訳

・We are going to write about ~. 私たちは~について書きます。

・Who is ~? / What did he [she] do? ~はだれですか。／彼[彼女]は何をしましたか。

・Why did you choose ~? なぜあなたは~を選んだのですか。

・Tell me more about ~. ~についてもっと私に教えてください。

単語・語句 QR

(教科書p.81)

- □ Thomas Alva Edison [タマス アルヴァ エダスン] 名 トーマス・アルバ・エジソン(人名)(アメリカの発明家)
- □ inventor [インヴェンタァ] 名 発明家, 発明者
- □ patent(s) [パトント(パトンツ)] 名 特許
- □ such [サッチ] 形 そのような
- □ practical [プラクティカル] 形 実用的な
- □ light bulb(s) [ライト バルブ(ズ)] 名 電球
- □ worker [ワーカァ] 名 仕事[勉強]をする人, 労働者
- □ slept [スレプト] 動 sleep(眠る)の過去形《過去分詞形も同形》
- □ even [イーヴァン] 副 ~でさえ
- □ ※after [アフタァ] 接 ~したあとに[で] (→教科書 p.53 前 ~にならって)
- □ kept [ケプト] 動 keep(続ける)の過去形《過去分詞形も同形》
- □ positive [パザティヴ] 形 前向きな, 肯定的な, 楽観的な
- □ fail(ed) [フェイル(ド)] 動 失敗する
- □ failure [フェイリャ] 名 失敗
- □ challenge, challenging [チャレンヂ, チャレンヂング] 動 挑戦する
- □ afraid [アフレイド] 形 恐れている
- □ *such as* ~ たとえば~など
- □ *keep* ~*ing* ~し続ける
- □ *be afraid of* ~ ~を恐れる

(教科書p.82)

- □ choose [チューズ] 動 選ぶ

QR 1 ❶ In《イン》 March《マーチ》 1985《ナインティーン エイティファイヴ》, Iran《イラーン》 and《アンド》 Iraq《イラク》 were《ワー》 at《アット》 war《ウォー》.
1985年3月に　イランとイラクは戦争中でした

❷ The《ザ》 president《プレザダント》 of《アヴ》 Iraq《イラク》 said《セッド》, “From《フラム》 March《マーチ》 19《ナインティーンス》,
イラクの大統領は　言いました　3月19日から

the《ズィ》 air《エア》 above《アバヴ》 Iran《イラーン》 will《ウィル》 be《ビー》 a《ア》 no-fly《ノウフライ》 zone《ゾウン》. ❸ We《ウィー》
空は　イランの上の　飛行禁止地帯になるでしょう　私たちは

will《ウィル》 shoot《シュート》 down《ダウン》 all《オール》 planes《プレインズ》.” ❹ Many《メニィ》 countries《カントゥリィズ》 sent《セント》
撃ち落とすでしょう　すべての飛行機を　多くの国々は　送りました

planes《プレインズ》 to《トゥー》 rescue《レスキュー》 their《ゼア》 people《ピープル》 in《イン》 Iran《イラーン》. ❺ The《ザ》 planes《プレインズ》
飛行機を　救助するために　彼らの国民を　イランにいる　飛行機が

landed《ランディド》 one《ワン》 after《アフタァ》 another《アナザァ》.
着陸しました　次々と

どちらも,「～するでしょう」と話し手の推測を表している。

to 以下は多くの国々が飛行機を送った目的を表している。

本文の意味

1 ❶1985年３月，イランとイラクは戦争中でした。❷イラクの大統領は「３月19日からイラン上空は飛行禁止地帯になるだろう。❸我々はすべての飛行機を撃墜する。」と言いました。❹多くの国々はイランにいる自国民を救出するために飛行機を送り込みました。❺飛行機が次々と着陸しました。

2 ❻空港でたくさんの日本人は待ちに待ちましたが，１機の飛行機も彼らのためにやってきませんでした。❼時間は少なくなってきました。❽突然，２機のトルコの飛行機が彼らを救助するためにやってきました。❾それらは215人すべての日本人をイランから連れ出しました。❿日本人たちはそのことを信じることができませんでした。⓫なぜ，トルコの飛行機だったのでしょうか。

2 ❻ At《アット》 the《ズィ》 airport《エアポート》, a《ア》 lot of《ラッタヴ》 Japanese《ジャパニーズ》 people《ピープル》 waited《ウェイティド》
空港で　たくさんの日本人は　待ちに待ちま

and《アンド》 waited《ウェイティド》, but《バット》 no《ノウ》 planes《プレインズ》 came《ケイム》 for《フォー》 them《ゼム》. ❼ Time《タイム》
した　しかし　1機の飛行機も来ませんでした　彼らのために　時間は

was《ワズ》 running《ラニング》 short《ショート》. ❽ Suddenly《サドンリィ》 two《トゥー》 Turkish《ターキッシュ》 planes《プレインズ》
不足しつつありました　突然　2機のトルコの飛行機が

came《ケイム》 to rescue《トゥー レスキュー》 them《ゼム》. ❾ They《ゼイ》 took《トゥック》 all《オール》 the《ザ》 215《トゥーハンドゥラッド フィフティーン》
やってきました　救助するために　彼らを　それらは　215人すべての日本人をイランから

Japanese《ジャパニーズ》 out《アウト》 of《アヴ》 Iran《イラーン》. ❿ Japanese《ジャパニーズ》 people《ピープル》
連れ出しました　日本人たちは

couldn't《クドント》 believe《ビリーヴ》 it《イット》. ⓫ Why《(フ)ワイ》 Turkish《ターキッシュ》 planes《プレインズ》?
信じることができませんでした　それを　なぜトルコの飛行機だったのでしょうか

「1つの～も…しなかった」という否定文の意味になる。

to以下は2機のトルコの飛行機がやってきた目的を表している。
themは❻の空港で待っていたたくさんの日本人をさしている。

〈Why＋名詞?〉は「どうして～なのか」と理由を知りたいという気持ちを表している。

Check 解答例

・their people(本文❹)とはどのような人々でしょうか。

自国の国民

単語・語句 QR

- □ border(s) [ボーダァ(ズ)] 名 境界，国境
- **1** □ Iran [イラーン] 名 イラン
- □ Iraq [イラク] 名 イラク
- □ war [ウォー] 名 戦争
- □ above [アバヴ] 前 ～の上に[の]，～の上方に
- □ no-fly zone [ノウフライ ゾウン] 名 飛行禁止地帯
- □ sent [セント] 動 send(送る)の過去形《過去分詞形も同形》
- □ ※rescue [レスキュー] 動 救助する (→教科書 p.54 名 救助)
- □ land(ed) [ランド(ランディド)] 動 着陸する
- □ *at war* 戦争中で
- □ *shoot down* ～ ～を撃ち落とす
- □ *one after another* 次々と
- **2** □ airport [エアポート] 名 空港
- □ suddenly [サドンリィ] 副 突然，急に
- □ Turkish [ターキッシュ] 形 トルコ(人)の
- □ *run short* 不足する

QR **3** ❶ Almost《オールモウスト》 130《ワンハンドゥラッド サーティ》 years《イアズ》 ago《アゴウ》, a《ア》 Turkish《ターキッシュ》 ship《シップ》 came《ケイム》
ほぼ130年前に　一隻のトルコの船が　来ました

to Japan《トゥーヂャパン》 on a《アナ》 goodwill《グッドウィル》 mission《ミション》. ❷ However《ハウエヴァ》,
日本へ　親善の使命で　しかし

on《アン》 the《ザ》 way《ウェイ》 back《バック》 to《トゥー》 Turkey《ターキィ》, the《ザ》 ship《シップ》 met《メット》 a《ア》 strong《ストゥローング》
トルコへもどる途中で　その船は　あいました　強力な台風に

typhoon《タイフーン》. ❸ It《イット》 sank《サンク》 off《オーフ》 the《ザ》 coast《コウスト》 of《アヴ》 Wakayama《ワカヤマ》, and《アンド》
それは　沈みました　和歌山沖で　そして

587《ファイヴハンドゥラッド エイティセヴァン》 people《ピープル》 died《ダイド》.
587人が　亡くなりました

4 ❹ People《ピープル》 in a《イナ》 nearby《ニアバイ》 fishing《フィシング》 village《ヴィレッヂ》 rescued《レスキュード》 69《スィクスティ ナイン》
人々は　近くの漁村の　救助しました　69人の

survivors《サヴァイヴァズ》. ❺ They《ゼイ》 didn't《ディドント》 understand《アンダスダンド》 Turkish《ターキッシュ》.
生存者を　彼らは　わかりませんでした　トルコ語が

❻ They《ゼイ》 didn't《ディドント》 have《ハヴ》 enough《イナフ》 food《フード》.
彼らは　持っていませんでした　十分な食料を

❷のトルコへもどる途中の船をさしている。

in a nearby fishing village「近くの漁村の」はPeople「人々」を修飾している。People in a nearby fishing villageまでが主語。

❹の近くの漁村の人々をさしている。

本文の意味

3 ❶ほぼ130年前，一隻のトルコの船が親善の使命で日本へやってきました。❷しかし，トルコへもどる途中，その船は強力な台風にあいました。❸船は和歌山沖で沈み，587人が亡くなりました。

4 ❹近くの漁村の人々は69人の生存者を救助しました。❺彼らはトルコ語がわかりませんでした。❻彼らには十分な食料がありませんでした。❼しかし，彼らは最後のニワトリを生存者に与えました。❽彼らは死者もうやうやしく埋葬しました。

5 ❾そのあと，生存者たちは神戸の病院に約１か月入院しました。❿それから，彼らは２隻の日本の船で故郷へ向けて出発しました。

❼ But《バット》 they《ゼイ》 gave《ゲイヴ》 their《ゼア》 last《ラスト》 chickens《チカンズ》 to the《トゥーザ》 survivors《サヴァイヴァズ》.
しかし　彼らは　与えました　彼らの最後のニワトリを　生存者に

❽ They《ゼイ》 also《オールソウ》 buried《ベリィド》 the《ザ》 dead《デッド》 respectfully《リスペクトフリィ》.
彼らは　さらに　埋葬しました　死者を　うやうやしく

5 ❾ After《アフタァ》 that《ザット》, the《ザ》 survivors《サヴァイヴァズ》 stayed《ステイド》 in a《イナ》 hospital《ハスピトゥル》
そのあと　生存者たちは　滞在しました　病院に

in《イン》 Kobe《コウベ》 for《フォー》 about《アバウト》 a《ア》 month《マンス》. ❿ Then《ゼン》 they《ゼイ》 left《レフト》 for《フォー》
神戸の　約1か月の間　それから　彼らは　故郷に向かって

home《ホウム》 on《アン》 two《トゥー》 Japanese《ヂャパニーズ》 ships《シップス》.
出発しました　2隻の日本の船で

❾のthe survivors「生存者たち」をさしている。

Guess 解答例

・なぜ村人たちには食料があまりなかったのでしょうか。

台風の季節で漁に出られなかったから　など

Check 解答例

・last chickens（本文❼）とは，どういう意味でしょうか。

最後の［とっておきの／非常用の］ニワトリ

・home（本文❿）とはどこのことでしょうか。

トルコ

単語・語句 QR

3 □ goodwill［グッドウィル］名 親善
□ mission［ミッション］名 任務，使命
□ however［ハウエバァ］副 しかし
□ Turkey［ターキィ］名 トルコ
□ met［メット］動 meet（会う）の過去形《過去分詞形も同形》
□ typhoon［タイフーン］名 台風
□ coast［コウスト］名 海岸
□ *on the way (back) to ～*　～へ行く（もどる）途中で

（続きはp.128へ）

QR 6 ❶ “Turkish《ターキッシュ》 people《ピープル》 still《スティル》 remember《リメンバァ》 the《ザ》 story《ストーリィ》.

トルコの人々は／今でも／覚えています／その話を

❷ Even《イーヴァン》 children《チルドゥレン》 know《ノウ》 it《イット》. ❸ So《ソウ》 Turkish《ターキッシュ》 planes《プレインズ》

子どもたちでさえ／知っています／それを／だから／トルコの飛行機が

to以下はトルコの飛行機が飛んだ目的を表している。

flew《フルー》 to《トゥー》 rescue《レスキュー》 the《ザ》 Japanese《ヂャパニーズ》 in《イン》 Iran《イラーン》,” a《ア》 former《フォーマァ》

飛びました／救助するために／日本人を／イランにいる／前の駐日大使は

ambassador《アンバサダァ》 to Japan《トゥー ヂャパン》 said《セッド》.

言いました

between the two countries「2つの国の間の」がThe friendship「親交」を修飾している。The friendship between the two countriesまでが主語。

7 ❹ The《ザ》 friendship《フレン(ド)シップ》 between《ビトゥウィーン》 the《ザ》 two《トゥー》 countries《カントゥリィズ》 still《スティル》

親交は／2つの国の間の／今でも

continues《カンティニューズ》 today《タディ》.

続いています／今日

本文の意味

6 ❶「トルコの人々は今でもその話を覚えています。❷子どもたちでさえそれを知っています。❸だからイランにいる日本人を救助するためにトルコの飛行機が飛んだのです。」と前の駐日大使は言いました。

7 ❹２国間の親交は今日，なお続いています。❺1999年に大地震がトルコを襲ったとき，日本人はそこへ助けに行きました。❻2011年には大地震と津波が日本の東部を襲いました。❼このときは，トルコの人々が救助に来ました。❽国境を越えておたがい助け合うことで，私たちはよりよい世界を作ることができるのです。

(p.127より)

単語・語句 QR

4
- □ nearby［ニアバイ］形 近くの
- □ village［ヴィレッヂ］名 村
- □ survivor(s)［サヴァイヴァ(ズ)］名 生存者
- □ understand［アンダァスタンド］動 わかる，理解する
- □ ※Turkish［ターキッシュ］名 トルコ語［人］(→教科書p.84 形 トルコ(人)の)
- □ bury, buried［ベリィ(ド)］動 埋葬する，埋める
- □ dead［デッド］形 死んでいる
- □ respectfully［リスペクトフリィ］副 うやうやしく
- □ *the dead*　死者

❺ When《(フ)ウェン》 a《ア》 big《ビッグ》 earthquake《アースクウェイク》 hit《ヒット》 Turkey《ターキィ》 in《イン》1999《ナインティーン ナインティナイン》,

大きな地震が打撃を与えたとき　トルコに　1999年に

Japanese《ジャパニーズ》 people《ピープル》 went《ウェント》 there《ゼア》 to help《トゥー ヘルプ》. ❻ In《イン》 2011《トゥー サウザンド イレヴァン》,

日本人は　行きました　そこへ　助けるために　2011年に

a《ア》 big《ビッグ》 earthquake《アースクウェイク》 and《アンド》 *tsunami*《ツナミ》 hit《ヒット》 eastern《イースタン》 Japan《ジャパン》.

大きな地震と津波が　打撃を与えました　日本の東部に

❼ This《ズィス》 time《タイム》, Turkish《ターキッシュ》 people《ピープル》 came《ケイム》 to help《トゥー ヘルプ》.

このときは　トルコの人々が　来ました　助けるために

to helpは日本の人々がトルコに行った目的，トルコの人々が日本に来た目的を表している。

❽ We《ウィー》 can《キャン》 make《メイク》 a《ア》 better《ベタァ》 world《ワールド》 by《バイ》 helping《ヘルピング》

私たちは　作ることができます　よりよい世界を　助けることによって

each《イーチ》 other《アザァ》 outside《アウトサイド》 our《アウア》 borders《ボーダァズ》.

おたがいを　私たちの国境の外側で

by helping ～ our bordersまでが1つの意味のまとまり。by のあとに動名詞helpingが続いている。

Check　解答例

・the story(本文❶)とは具体的にどんなことでしょうか。

日本人が和歌山沖で遭難したトルコ船の生存者に手厚い救護活動を行い，死者を埋葬してくれたという話

単語・語句　QR

❻□ flew [フルー] 動 fly(飛ぶ)の過去形

□ former [フォーマァ] 形 (時間的に)前の，先の，以前の

□ ambassador [アンバサダァ] 名 大使

❼□ between [ビトゥウィーン] 前 ～の間に

□ continue(s) [カンティニュー(ズ)] 動 続ける

□ earthquake [アースクウェイク] 名 地震

□ hit [ヒット] 動 (人・場所に)打撃を与える《過去形，過去分詞形も同形》

□ eastern [イースタン] 形 東部の，東の

□ *each other*　おたがいに[を]

3rd Stage

1. 次の絵を実際に起きた順に並べましょう。

(ⓐ)→(ⓒ)→(ⓓ)→(ⓑ)

2. 本文の内容と合うように，空所に適する語を選んで書きましょう。

In 1890, a ship came to Japan from Turkey. On the way home, it met a ①typhoon off the coast of Wakayama and sank. People in a nearby village saved 69 Turkish people and gave them ②food. After a month, the Turkish returned home on two Japanese ships.

In 1985, Iran and Iraq were at war. Japanese people in Iran wanted to ③leave the country and waited at the airport. However, no Japanese planes came. Suddenly two ④Turkish planes came. They ⑤carried all the 215 Japanese people out of Iran. These two countries still have a strong ⑥friendship.

carried / food / friendship / leave / Turkish / typhoon

英文の訳

1890年，トルコから一隻の船が日本へやってきました。もどる途中，その船は和歌山沖で①台風にあい，沈みました。近くの村の人々は69人のトルコの人々を救い，②食料を与えました。１か月後，トルコの人々は２隻の日本の船で故郷へもどりました。

1985年，イランとイラクは戦争中でした。イランにいる日本人はその国を③離れたいと思っていて，空港で待ちました。しかし，日本の飛行機は１機も来ませんでした。突然，２機の④トルコの飛行機がやってきました。それらは215人の日本人全員をイランから⑤運び出しました。これらの２国は今でも強い⑥親交があります。

単語・語句 QR

□ return(ed) [リターン(ド)] 動 帰る，もどる

Word Web 4 いろいろな前置詞

教科書 p.88

A

❶ in《イン》 the《ザ》 river《リヴァ》
川の中に

❷ over《オウヴァ》 the《ザ》 river《リヴァ》
川の上を

❸ after《アフタァ》 the《ザ》 boy《ボイ》
少年のあとを[に]

❹ along《アローング》 the《ザ》 river《リヴァ》
川に沿って

❺ among《アマング》 the《ザ》 flowers《フラウアズ》
花の間に

❻ to《トゥー》 the《ザ》 flowers《フラウアズ》
花の方へ[に]

❼ across《アクロース》 the《ザ》 road《ロウド》
道路を横切って

B

❶ above《アバヴ》 the《ザ》 tree《トゥリー》
木の上に

❷ in《イン》 front《フラント》 of《アヴ》 the《ザ》 tree《トゥリー》
木の前に

❸ between《ビトゥウィーン》 the《ザ》 trees《トゥリーズ》
木の間に

❹ behind《ビハインド》 the《ザ》 tree《トゥリー》
木のうしろに

C

❶ around《アラウンド》 the《ザ》 pond《パンド》
池のまわりに

❷ into《イントゥー》 the《ザ》 pond《パンド》
池の中に

❸ through《スルー》 the《ザ》 woods《ウッヅ》
森を通りぬけて

❹ with《ウィズ》 the《ザ》 dog《ドーグ》
イヌといっしょに

D

❶ out《アウト》 of《アヴ》 the《ザ》 window《ウィンドウ》
窓の外へ

❷ by《バイ》 the《ザ》 window《ウィンドウ》
窓のそばに

❸ on《アン》 the《ザ》 desk《デスク》
机の上に

❹ under《アンダァ》 the《ザ》 desk《デスク》
机の下に

●やってみよう

例文と訳

A: Is there a girl between the trees?　木の間に少女が1人いますか。
B: Yes, there is. / No, there isn't.　はい，います。／いいえ，いません。

表現例

・*A:* Is there a boy behind the tree?　木のうしろに少年が1人いますか。
　B: Yes, there is.　はい，います。
・*A:* Are there two books under the desk?　机の下に本が2冊ありますか。
　B: No, there aren't.　いいえ，ありません。

A Gateway to Japan

Scenes

1 すでにしてしまったことや，今ちょうどし終えたことを言えるようになろう。 QR

Scenes の意味

A: あなたはこの新しい推理小説を知っていますか。
B: 私はもう読みました。結末は…。

A: やめてください。私は読み始めたばかりです。
B: ごめんなさい，おとうさん。

「(すでに)～してしまった」「(ちょうど)～したところだ」 と言うときは…

I **have** *already* **read** the new mystery novel.

「すでに」　過去分詞

私はすでにその新しい推理小説を読みました。

haveと過去分詞を使って表すよ。

I **have** *just* **started** reading the novel!

「ちょうど」　過去分詞

私はちょうどその小説を読み始めたところです！

alreadyやjustは，ふつうhaveと過去分詞の間に置くよ。

ポイント!

形　〈have [has]＋過去分詞〉

意味　「(すでに)～してしまった」「(ちょうど)～したところだ」(完了)

【haveの形に注意！】

I **have** just finished my homework. 私はちょうど宿題を終えたところです。

主語はI

hasを使うよ。

He **has** already finished his homework. 彼はすでに宿題を終えてしまいました。

主語は三人称単数

Listen 3つの対話を聞き，内容に合う絵を選びましょう。QR

❶ (　　　) ❷ (　　　) ❸ (　　　)

a.

b.

c.

d.

解答

❶ d

❷ b

❸ a

対話文 QR

❶ *Boy:* Can you help me with my homework? 私の宿題を手伝ってもらえますか。

Girl: Sure. I've just done mine. いいですよ。私はちょうど自分のを終えたところです。

❷ *Boy:* Mom, I want to eat *ramen*. おかあさん，私はラーメンが食べたいです。

Mom: Really? You've just eaten three bowls of rice.

ほんとうですか。あなたはちょうどご飯を３杯食べたところですよ。

❸ *Girl:* Why are you in a hurry? あなたはなぜ急いでいるのですか。

Boy: I'm going to the stadium. The game has already started.

私は競技場に行くところです。試合はすでに始まってしまいました。

Speak & Write 友だちの依頼に答え，理由も自由に考えましょう。

(例) *A:* Can you ①lend me your *Harry Potter* books?

B: OK. I've already [just] ②read them.

例文の訳

A: 私にあなたのハリー・ポッターの本を貸してもらえますか。

B: いいですよ。私はすでに[ちょうど]それらを読みました。

解答例

・*A:* Can you ①show me your picture? 私にあなたの絵を見せてもらえますか。

B: OK. I've just ②painted it. いいですよ。私はちょうどそれを描いたところです。

・*A:* Can you ①tell me about the movie? 私にその映画について教えてもらえますか。

B: OK. I've already ②watched it. いいですよ。私はすでにそれを見ました。

(単語・語句はp.144へ)

Try

① 表現例

(例：A -5) I'm good at dancing. 私は踊ることが得意です。

2 もう何かをし終えたかどうかをたずねたり，答えたりできるようになろう。 QR

Scenes の意味

A: あなたはもうお風呂に入りましたか。
B: いいえ，まだです。

A: 明日の旅行に備えて早く寝たほうがいいですよ。
B: ああ，どうしましょう。まだ荷物をまとめていません。

「(もう)～してしまいましたか」 とたずねるときは…

疑問文　**Have** you **taken** a bath *yet* **?**
（yet：「もう」）

主語(you)の前にhaveを出すよ。

答えの文　Yes, I **have** . / No, I **haven't** .
はい，入りました。　　=have not

haveを使って答えるよ。

ポイント!

形　〈Have [Has]＋主語＋過去分詞～?〉
— Yes, ～ have [has].　／ No, ～ haven't [hasn't].

意味　「(もう)～してしまいましたか」
— 「はい，～してしまいました」／「いいえ，～していません」(完了)

「(まだ)～していません」 と言うときは…

否定文　I **haven't packed** my bags *yet*!
（yet：「まだ」）

haveのあとにnotを置くよ。

疑問文のときと意味が違うよ。

ポイント!

形 〈主語+have [has] not+過去分詞～.〉

意味 「(まだ)～していない」

Listen 純とアンの対話を聞き，内容に合うものに○，合わないものに×をつけましょう。QR

❶ アンはすでに宿題を終えたが，純はまだ終わっていない。 (　　)

❷ アンはすでに宿題を終えたが，昼食をまだ食べていない。 (　　)

❸ 純はまだ昼食を食べていないが，図書館に行くつもりだ。 (　　)

解答

❶ ○

❷ ○

❸ ×

対話文 QR

Jun: Ann, have you finished your homework yet? アン，あなたはもう宿題を終えましたか。

Ann: Yes, I have. How about you, Jun? はい，終えました。あなたはどうですか，純。

Jun: I haven't finished mine yet. Can you help me?
私はまだ自分のを終えていません。手伝ってもらえますか。

Ann: Sure. But I haven't had lunch yet. Let's meet at the library at two.
いいですよ。でも，私はまだ昼食を食べていません。2時に図書館で会いましょう。

Jun: OK. I've already had lunch. So any time is fine with me.
わかりました。私はすでに昼食を食べました。だから何時でもいいです。

Speak & Write 今日すでにしたことと，まだしてないことについて表現しましょう。

(例) *A:* Have you done your homework yet?

B: Yes, I have. / No, I haven't done my homework yet.

例文の訳

A: あなたはもう宿題を終えましたか。

B: はい，終えました。／いいえ，私はまだ宿題を終えていません。

解答例

- *A:* Have you read today's newspaper yet? あなたはもう今日の新聞を読みましたか。
  B: Yes, I have. / No, I haven't read today's newspaper yet.
  はい，読みました。／いいえ，私はまだ今日の新聞を読んでいません。
- *A:* Have you walked your dog yet? あなたはもうイヌの散歩をしましたか。
  B: Yes, I have. / No, I haven't walked my dog yet.
  はい，しました。／いいえ，私はまだ私のイヌの散歩をしていません。

単語・語句 QR

□ taken [テイカン] 動 take(とる)の過去分詞形

□ yet [イエット] 副 (疑問文で)もう，(否定文で)まだ

□ haven't [ハヴント]＝have not

3 これまでに経験したことがあるかどうか言えるようになろう。 QR

Scenes の意味

A: 私は富士山を見たことがありません。
B: すぐに見えますよ。

A: 見えました。あなたは富士山に登ったことがありますか。
B: はい。2回登ったことがあります。

「(今までに)～したことがある」と言うときは…

I **have climbed** Mt. Fuji *twice*.　私は富士山に2回登ったことがあります。

have climbed：過去分詞　twice：「2回」

haveと過去分詞を使って表すよ。

ポイント!

形　〈have [has]＋過去分詞〉

意味　「(今までに)～したことがある」(経験)

「(今までに)～したことがありますか」とたずねるときは…

疑問文　**Have** you *ever* **climbed** Mt. Fuji**?**

ever「これまでに」を使うよ。

ポイント!

形　〈Have [Has]＋主語＋ever＋過去分詞～?〉

意味　「(今までに)～したことがありますか」

「一度も～したことがない」と言うときは…

否定文　I **have** *never* **seen** Mt. Fuji.

neverを使って表すよ。

ポイント！

形　〈have [has] never＋過去分詞〉

意味　「一度も～したことがない」

Listen 3つの対話を聞いて話題となっている場所を選び，その回数を書きましょう。 QR

❶（　　/　　回）　❷（　　/　　回）　❸（　　/　　回）

a.

b.

c.

d.

解答

❶ c / 3

❷ d / 0

❸ b / 1

対話文 QR

❶ *Girl:* Have you ever visited Shirakawago?　あなたはこれまでに白川郷を訪れたことがありますか。

Boy: Yes, I have. I've been there three times.　はい，あります。私はそこへ 3 度行ったことがあります。

❷ *Boy:* Have you ever seen Himeji Castle?　あなたはこれまでに姫路城を見たことがありますか。

Girl: No. I've never seen it.　いいえ。私はそれを見たことがありません。

❸ *Girl:* Have you ever been to Kagoshima?　あなたはこれまでに鹿児島に行ったことがありますか。

Boy: Yes, but I've been there just once.　はい，でも私はそこに 1 度しか行ったことがありません。

Speak & Write 自分が今までにしたことのあることについて表現しましょう。

（例）*A:* Have you ever been to Kochi?

B: Yes. I've been there twice. / No. I've never been there.

例文の訳

A: あなたはこれまでに高知に行ったことがありますか。

B: はい。私はそこに 2 回行ったことがあります。／いいえ。私はそこに一度も行ったことがありません。

解答例

A: Have you ever eaten *kusaya*?　あなたはこれまでにくさやを食べたことがありますか。

B: Yes. I've eaten it once. / No. I've never eaten it.

はい。私はそれを一度食べたことがあります。／いいえ。私はそれを一度も食べたことがありません。

（単語・語句はp.139へ）

Think

1 真央とダニエルが歩きながら話しています。 QR

〈look＋形容詞〉「～に見える」の形。

goodがsomethingをうしろから修飾している。

〈have＋過去分詞〉の形で，ものごとが完了した状態であることを表している。just「ちょうど」がhaveと過去分詞の間に置かれている。

Mao: ❶ Hi《ハイ》, Daniel《ダニアル》. ❷ You《ユー》 look《ルック》 happy《ハッピィ》.
こんにちは　ダニエル　あなたは　うれしそうに見えます

❸ Did《ディッド》 something《サムスィング》 good《グッド》 happen《ハプン》?
何かよいことが起きましたか

Daniel: ❹ I've《アイヴ》 just《ヂャスト》 gotten《ガトン》 an《アン》 email《イーメイル》 from《フラム》 my《マイ》 uncle《アンクル》 in《イン》 Italy《イトゥリィ》.
私はちょうどもらったところです　メールを　私のおじから　イタリアにいる

Mao: ❺ Your《ユア》 uncle《アンクル》 in《イン》 Italy《イトゥリィ》? ❻ What《(フ)ワット》 does《ダズ》 he《ヒー》 do《ドゥー》 there《ゼア》?
あなたのおじさんですか　イタリアにいる　何を　彼はしていますか　そこで

Daniel: ❼ Ah《アー》, he's a《ヒーザ》 sportswriter《スポーツライタァ》. ❽ He《ヒー》 loves《ラヴズ》 Japanese《ヂャパニーズ》 pop《パップ》 culture《カルチャ》 like《ライク》 *manga*《マンガ》 and《アンド》 *anime*《アニメ》.
ああ　彼はスポーツ記者です　彼は　大好きです　日本の大衆向きの文化が　マンガやアニメのような

本文の意味

真央：❶こんにちは，ダニエル。❷うれしそうね。❸何かいいことでもあったの？
ダニエル：❹イタリアにいるおじからちょうどメールをもらったところなんだ。
真央：❺イタリアにいるおじさん？　❻おじさんはそこで何をしているの？
ダニエル：❼ああ，スポーツ記者なんだよ。❽マンガやアニメのような日本のポップカルチャーが大好きなんだ。
真央：❾すばらしい！　❿日本のマンガやアニメはアメリカ合衆国でも人気があるの？
ダニエル：⓫あるよ。⓬マンガやアニメということばは英語で使われているんだ。
真央：⓭すしや着物みたいに？　⓮うーん，おもしろいわね。

Mao: ❾ Great《グレイト》! ❿ Are《アー》 Japanese《ヂャパニーズ》 *manga*《マンガ》 and《アンド》 *anime*《アニメ》

すばらしいですね　日本のマンガやアニメは人気がありますか

popular《パピュラァ》 in《イン》 the《ザ》 U.S.《ユーエス》 too《トゥー》?

アメリカ合衆国で　もまた

Daniel: ⓫ Yes《イェス》. ⓬ The《ザ》 words《ワーヅ》 *manga*《マンガ》 and《アンド》 *anime*《アニメ》

はい　マンガとアニメということばは

are《アー》 used《ユーズド》 in《イン》 English《イングリッシュ》.

使われています　英語で

受け身〈be動詞＋過去分詞〉の文。

Mao: ⓭ Like《ライク》 *sushi*《スシ》 and《アンド》 *kimono*《キモノ》? ⓮ Mmm《ンンン》,

すしや着物のようにですか　うーん

interesting《イントゥラスティング》.

おもしろいです

Q

① Is Daniel's uncle a *manga* artist?　ダニエルのおじさんはマンガ家ですか。

② What does Daniel's uncle love?　ダニエルのおじさんは何が大好きですか。

A　解答例

❶ No, he isn't. (He is a sportswriter.)
いいえ，違います。（彼はスポーツ記者です。）

❷ He loves Japanese pop culture like *manga* and *anime*.
彼はマンガやアニメのような日本のポップカルチャーが大好きです。

単語・語句　QR

- □ gotten［ガトン］動 get（得る）の過去分詞形
- □ sportswriter［スポーツライタァ］名 スポーツ記者
- □ pop［パップ］形 大衆向きの
- □ word(s)［ワード（ワーヅ）］名 ことば

(p.137より)

単語・語句　QR

- □ ever［エヴァ］副 これまでに
- □ twice［トゥワイス］副 2度，2回
- □ been［ビン］動 beの過去分詞形
- □ UFO［ユーエフオウ］名 未確認飛行物体，ユーフォー

2 2人の対話は続きます。 QR

〈... after ～〉「～したあとに…」の形。このafterは接続詞。

〈Have＋主語＋過去分詞～?〉の形で，宿題をもう終えたかどうかをたずねている。
itは「宿題」をさしている。

but以下は〈have＋過去分詞〉の否定文。yetは否定文では「まだ」の意味。

Mao: ❶ I'm《アイム》 going《ゴウイング》 to《トゥー》 do《ドゥー》 my《マイ》 homework《ホウムワーク》 for《フォー》 the《ザ》 speech《スピーチ》
私はするつもりです　私の宿題を　スピーチのための
after《アフタァ》 I《アイ》 get《ゲット》 home《ホウム》. ❷ Have《ハヴ》 you《ユー》 done《ダン》 it《イット》 yet《イエット》?
私が帰宅したあとに　あなたはしてしまいましたか　それを　もう

Daniel: ❸ I《アイ》 started《スターティド》 it《イット》 yesterday《イエスタディ》, but《バット》 I《アイ》 haven't《ハヴント》 finished《フィニッシュト》
私は　始めました　それを　昨日　しかし　私は　終えていません
it《イット》 yet《イエット》.
それを　まだ

Mao: ❹ What《(フ)ワット》 are《アー》 you《ユー》 writing《ライティング》 about《アバウト》?
あなたは何について書いていますか

Daniel: ❺ About《アバウト》 *Captain*《キャプタン》 *Tsubasa*《ツバサ》. ❻ My《マイ》 uncle《アンクル》
『キャプテン翼』についてです　私のおじが
recommended《レカメンディド》 it《イット》.
勧めました　それを

本文の意味

真央：❶私は家に帰ったらスピーチの宿題をするつもりよ。❷あなたはもう終わった？
ダニエル：❸ぼくは昨日始めたけど，まだ終わっていないんだ。
真央：❹何について書いているの？
ダニエル：❺『キャプテン翼』についてだよ。❻おじが勧めてくれたんだ。
真央：❼外国の人々は『キャプテン翼』について知っているの？
ダニエル：❽おじによると，たくさんのプロのサッカー選手が子どものころにそれを見たんだって。❾そのためにサッカーをし始めた人もいるんだよ。
真央：❿うわー。⓫『キャプテン翼』が彼らに「翼」をあげたのね。

Mao: ❼ Do《ドゥー》 people《ピープル》 in《イン》 foreign《フォーラン》 countries《カントゥリィズ》 know《ノウ》
外国の人々は知っていますか

about《アバウト》 *Captain*《キャプタン》 *Tsubasa*《ツバサ》?
『キャプテン翼』について

Daniel: ❽ According《アコーディング》 to《トゥー》 my《マイ》 uncle《アンクル》, a《ア》 lot of《ラッタヴ》 professional《プラフェッショヌル》
私のおじによれば たくさんのプロのサッカー選手が

soccer《サカァ》 players《プレイヤァズ》 watched《ワッチト》 it《イット》 when《(フ)ウェン》 they《ゼイ》 were《ワー》
見ました それを 彼らが子どものとき

〈... when ～〉「～のとき…」の文。
itは❼の*Captain Tsubasa*『キャプテン翼』をさしている。

children《チルドゥレン》. ❾ Some《サム》 of《アヴ》 them《ゼム》 started《スターティド》 playing《プレイング》
彼らの何人かは 始めました サッカーをすることを

soccer《サカァ》 because《ビコーズ》 of《アヴ》 it《イット》.
それのために

Mao: ❿ Wow《ワウ》! ⓫ *Captain*《キャプタン》 *Tsubasa*《ツバサ》 gave《ゲイヴ》 them《ゼム》
うわー 『キャプテン翼』が 与えました 彼らに

〈give＋人＋もの〉の形。
them は「『キャプテン翼』によってサッカーを始めたプロのサッカー選手たち」をさしている。

"wings《ウィングズ》."
「翼」を

Q

① What is Daniel writing about?
ダニエルは何について書いていますか。

② What does the word "wings" mean?
wingsという単語はどんな意味ですか。

A 解答例

❶ He is writing about *Captain Tsubasa*.
彼は『キャプテン翼』について書いています。

❷ It means a dream. (According to Daniel's uncle, some professional soccer players started playing soccer because of *Captain Tsubasa*.)
それは夢を意味しています。(ダニエルのおじさんによれば，プロのサッカー選手の何人かは『キャプテン翼』のためにサッカーをし始めました。)

(単語・語句とTryはp.156へ)

3 健が日本のポップカルチャーについて発表します。 QR

❶ *Manga*《マンガ》 and《アンド》 *anime*《アニメ》 are《アー》 parts《パーツ》 of《アヴ》 Japanese《ヂャパニーズ》 pop《パップ》 culture《カルチャ》.

マンガとアニメは部分です / 日本の大衆向け文化の

❷ Today《タディ》 they《ゼイ》 attract《アトゥラクト》 and《アンド》 influence《インフルアンス》 many《メニィ》 people《ピープル》 around《アラウンド》 the《ザ》 world《ワールド》.

今日 / それらは / 引きつけます / そして / 影響を及ぼします / 多くの人々に / 世界じゅうの

〈have＋過去分詞〉の形で「(今までに)～したことがある」という経験を表している。

❸ I've《アイヴ》 read《レッド》 a《ア》 book《ブック》 about《アバウト》 art《アート》 history《ヒストゥリィ》 before《ビフォー》.

私は読んだことがあります / 本を / 美術の歴史についての / 以前に

There was ～.の文。主語がa similar situationで過去の文なので，wasが使われている。

❹ There《ゼア》 was a《ワザ》 similar《スィマラァ》 situation《スィチュエイション》 about《アバウト》 150 years《ワン ハンドゥラッド フィフティ イアズ》 ago《アゴウ》.

ありました / 類似した状況が / 約150年前に

❺ In those《イン・ゾウズ》 days《デイズ》, *ukiyo-e*《ウキヨエ》 was《ワズ》 pop《パップ》 culture《カルチャ》 like《ライク》 *manga*《マンガ》.

当時 / 浮世絵が / 大衆向け文化でした / マンガのように

❻ It《イット》 became《ビケイム》 very《ヴェリィ》 popular《パピュラァ》 in《イン》 Europe《ユラップ》.

それは / とても人気になりました / ヨーロッパで

〈have＋過去分詞〉の疑問文。今までの経験をたずねている。

❼ Have《ハヴ》 you《ユー》 ever《エヴァ》 heard《ハード》 of《アヴ》 Monet《モウネイ》 and《アンド》 van《ヴァン》 Gogh《ゴウ》?

あなたはこれまでにモネとファン・ゴッホのことを耳にしたことがありますか

❽ They《ゼイ》 were《ワー》 greatly《グレイトリィ》 influenced《インフルアンスト》 by《バイ》 *ukiyo-e*《ウキヨエ》.

彼らは / 非常に影響を受けました / 浮世絵によって

本文の意味

❶マンガとアニメは日本のポップカルチャーの一部です。❷今日，それらは世界じゅうの人々を引きつけ，そして影響を与えています。

❸ぼくは以前に，美術史についての本を読んだことがあります。❹約150年前に，同じような状況がありました。❺当時，浮世絵がマンガのようなポップカルチャーでした。❻ヨーロッパでとても人気になりました。❼みなさんはモネやファン・ゴッホのことを耳にしたことがありますか。❽彼らは浮世絵に非常に影響を受けました。

❾日本のポップカルチャーは日々人気になりつつあります。❿それは日本とほかの国々の間の入り口なのです。

❾ Japanese《ヂャパニーズ》 pop《パップ》 culture《カルチャ》 is《イズ》 getting《ゲッティング》 more《モー》 popular《パピュラァ》 day《ディ》 by《バイ》 day《ディ》.

日本の大衆向け文化は　もっと人気になりつつあります　日々

❿ It《イット》 is a《イザ》 gateway《ゲイトウェイ》 between《ビトゥウィーン》 Japan《ヂャパン》 and other《アザァ》 countries《カントゥリィズ》.

それは　入り口です　日本とほかの国々の間の

〈get＋形容詞〉「～になる」が現在進行形になっている。形容詞の部分が比較級more popularになっている。

Q

① What became popular in Europe about 150 years ago?
何が約150年前のヨーロッパで人気になりましたか。

② Did *manga* influence Monet and van Gogh?
マンガはモネやファン・ゴッホに影響を及ぼしましたか。

A　解答例

❶ *Ukiyo-e* did.
浮世絵でした。

❷ No, it didn't. (Monet and van Gogh were influenced by *ukiyo-e*.)
いいえ，及ぼしませんでした。(モネとファン・ゴッホは浮世絵に影響を受けました。)

単語・語句　QR

- □ part(s) [パート(パーツ)] 名 部分
- □ attract [アトゥラクト] 動 引きつける，魅了する
- □ similar [スィムラァ] 形 類似した
- □ situation [スィチュエイション] 名 情勢，状況
- □ Europe [ユラップ] 名 ヨーロッパ
- □ heard [ハード] 動 hear(聞く)の過去分詞形《過去形も同形》
- □ Monet [モウネイ] 名 モネ(人名)(クロード・モネ，印象派を代表するフランスの画家)
- □ van Gogh [ヴァン ゴウ] 名 ファン・ゴッホ(人名)(ビンセント・ファン・ゴッホ，オランダの画家)
- □ *in those days*　当時，そのころ
- □ *hear of* ～　～のことを耳にする
- □ *day by day*　日々，日ごとに
- □ *between* ～ *and* ...　～と…の間の[に]

Try

③ 表現例

(例：B -3) I like ramen the best because I love its noodles.
私はラーメンのめんが大好きなので，ラーメンがいちばん好きです。

Retell

❷

□ Daniel's uncle　□ Japanese pop culture　□ *manga* and *anime*

表現例

・Daniel's uncle loves Japanese pop culture like *manga* and *anime*.
ダニエルのおじさんはマンガやアニメのような日本のポップカルチャーが大好きです。

□ professional soccer players　□ *Captain Tsubasa*

表現例

・According to Daniel's uncle, a lot of professional soccer players watched *Captain Tsubasa* when they were children.
ダニエルのおじさんによれば，たくさんのプロのサッカー選手が子どものころに『キャプテン翼』を見ていました。

□ Monet and van Gogh　□ *ukiyo-e*　□ a gateway

表現例

・Monet and van Gogh were greatly influenced by *ukiyo-e*.
モネやファン・ゴッホは浮世絵に非常に影響を受けました。

・Japanese pop culture is a gateway between Japan and other countries.
日本のポップカルチャーは日本とほかの国々の間の入り口なのです。

(p.133より)

単語・語句 QR

□ gateway [ゲイトウェイ] 名 (出)入り口
□ mystery [ミスタリィ] 名 推理もの，なぞ
□ novel [ナヴァル] 名 小説
□ I've [アイヴ] =I have
□ already [オールレディ] 副 すでに
□ ending [エンディング] 名 結末
□ done [ダン] 動 do(する)の過去分詞形
□ you've [ユーヴ] =you have
□ eaten [イートン] 動 eat(食べる)の過去分詞形
□ bowl(s) [ボウル(ズ)] 名 どんぶり，わん
□ *Harry Potter* [ハリィ パタァ] 名 ハリー・ポッター(小説のタイトル)

Interact

1 My To-Do List

例文と訳

Robot: Have you practiced the guitar yet?　あなたはもうギターを練習しましたか。
You: Yes. I've already done it.　はい。私はすでにしました。
Robot: Good. Have you done your homework?　いいですね。あなたは宿題をしましたか。
You: Uh-oh, not yet. I'll do it now.　ああ，まだです。これからそれをやります。

2 Tell Me about Your Unusual Experiences.

① 例文と訳

A: Have you ever had any unusual experiences?
あなたはこれまでにめずらしい経験をしたことがありますか。
B: Yes. I've seen EBIKEN at Tokyo Station.
はい。私は東京駅でエビケンを見たことがあります。
A: You were lucky! I've never seen a famous person.
あなたは運がよかったですね！　私は有名人を一度も見たことがありません。
B: Tell me about your unusual experiences.
あなたのめずらしい経験について教えてください。
A: OK. I've caught an eel at the river near my house.
いいですよ。私は家の近くの川でウナギをつかまえたことがあります。
B: You were lucky too!
あなたも運がよかったですね！

表現例

A: Have you ever had any unusual experiences?
あなたはこれまでにめずらしい経験をしたことがありますか。
B: Yes. I've eaten thirty dishes of *sushi*.　はい。私はすしを30皿食べたことがあります。
A: You had a lot of *sushi*! I've never eaten thirty dishes of *sushi*.
あなたはすしをたくさん食べたんですね！　私はすしを30皿食べたことはありません。
B: Tell me about your unusual experiences.　あなたのめずらしい経験について教えてください。
A: OK. I've slept for eighteen hours.
いいですよ。私は18時間寝たことがあります。
B: You were very tired!　あなたはとても疲れていたんですね！

単語・語句 QR

- □ list［リスト］名 リスト，一覧表
- □ unusual［アンユーヂュアル］形 ふつうでない，めずらしい
- □ caught［コート］動 catch(つかまえる)の過去分詞形《過去形も同形》
- □ *Not yet.*　まだです。

Steps 4 相手にわかりやすい説明をしよう 教科書 p.97

1 英文と訳

❶ *Takoyaki* is a kind of Japanese food.　たこ焼きは日本の食べ物の一種です。

❷ It looks like a pancake ball.　それはパンケーキのボールのように見えます。

❸ It has a small piece of octopus in it.　それは小さなタコの一片が入っています。

❹ You eat it with sauce and mayonnaise.　それはソースとマヨネーズといっしょに食べます。

解答

❶ ①　❷ ②　❸ ②　❹ ④

2 英文と訳

a. It's more eco-friendly than a plastic bag because people can use it repeatedly.

人々はそれをくり返して使えるので，それはビニール袋より環境にやさしいです。

b. *Furoshiki* is a square piece of cloth.　風呂敷は四角い１枚の布です。

c. It's used to wrap and carry things.　それはものを包んだり運んだりするのに使われます。

解答

(　b　)→(　c　)→(　a　)

3 解答例

① *Uchiwa* is a kind of Japanese paper fan. It is used to make a breeze. It is made of paper and plastic, but traditional *uchiwa* is made of paper and bamboo. If you use it in summer, you will feel good.

うちわは日本の紙の扇の一種です。それはそよ風を作るために使われます。それは紙とプラスチックでできていますが，伝統的なうちわは紙と竹で作られます。夏にそれを使うと気持ちよく感じるでしょう。

② *Sukiyaki* is a popular Japanese dish. Beef, vegetables, and *tofu* are used in *sukiyaki*. They are boiled with soy sauce and sugar. Japanese people eat *sukiyaki* with a raw egg.

すき焼きは日本の人気のある料理です。すき焼きには牛肉，野菜，そして豆腐が使われています。それらはしょうゆと砂糖といっしょに煮ます。日本人はすき焼きを生たまごといっしょに食べます。

(単語・語句はp.165へ)

空港アナウンスを聞こう

教科書 p.98

英文 QR

① May I have your attention, please? To all passengers on Sunshine Airlines Flight 274 to New York. The flight is cancelled due to bad weather.
お客様にご案内申し上げます。ニューヨーク行きサンシャイン航空274便のすべてのお客様に申し上げます。その便は悪天候のため，欠航になっています。

② May I have your attention, please? To all passengers on Sunshine Airlines Flight 859 to Sydney. The boarding gate is changed from 63 to 73. The flight will be leaving from Gate 73.
お客様にご案内申し上げます。シドニー行きサンシャイン航空859便のすべてのお客様に申し上げます。搭乗口は63番から73番に変更されています。その便は73番口から出発となります。

③ May I have your attention, please? To all passengers on Sunshine Airlines Flight 601 to London. The boarding time is changed from 11:50 to 12:20.
お客様にご案内申し上げます。ロンドン行きサンシャイン航空601便のすべてのお客様に申し上げます。搭乗時間は11時50分から12時20分に変更されています。

1 解答

① a　② c　③ b

2 解答

①【便名】c
【内容】The flight is (b. cancelled) due to bad weather.
その便は悪天候のため，欠航になっています。

②【便名】b
【内容】The boarding (a. gate) is changed from ___63___ to ___73___.
搭乗口は63番から73番に変更されています。

③【便名】b
【内容】The boarding (b. time) is changed from ___11:50___ to ___12:20___.
搭乗時間は11時50分から12時20分に変更されています。

4 対話文と訳

You: Was that an announcement for Sunshine Airlines Flight 225 to Beijing?
あれは北京行きサンシャイン航空225便のアナウンスでしたか。

Information: Yes. The boarding gate was changed from 25 to 64.
はい。搭乗口が25番から64番に変更されました。

You: Thank you. ありがとうございます。

(単語・語句はp.165へ)

PROGRAM

8 A Hope for Lasting Peace

Scenes

1 「これまでずっと～だ」と続いていることについて言えるようになろう。 QR

Scenes の意味

A: うわあ，あなたは柔道ができるのですね。
B: はい。私は10歳から練習しています。

A: 黒帯をつけてどのくらいになりますか。
B: 1か月です。私は今，とても幸せです。

「(ずっと)～している」 と言うときは…

I **have practiced** *judo* *since* I was ten.

過去分詞 ← haveと過去分詞を使って表すよ。

「～以来」 ← sinceのあとには過去のある時点を表す語句がくるよ。

ポイント!

形 〈have [has]＋過去分詞〉

意味 「(ずっと)～している」「(ずっと) ～である」(継続)

「どのくらいの間～していますか」とたずねるときは…

How long **have** you **been** a black belt **?**

過去分詞

How longのあとに〈have＋主語＋過去分詞〉の疑問文の形を続けて表すよ。

— *For* one month.

「～の間」

forのあとには期間を表す語句がくるよ。

ポイント！

形　〈How long have [has]＋主語＋過去分詞～?〉

意味　「どのくらいの間～していますか」

Listen 純の話を聞き，内容に合う期間を選びましょう。**QR**

❶（　　　）　❷（　　　）　❸（　　　）

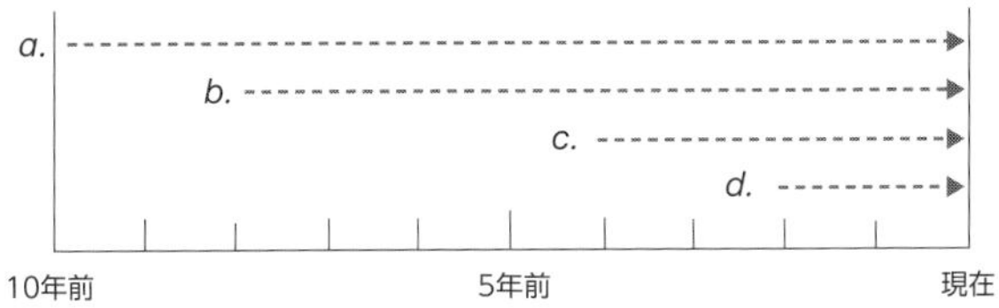

解答

❶ b

❷ d

❸ a

英文 **QR**

Jun: I'm going to talk about my friend Kota. We have been good friends for eight years. Kota likes playing baseball. He has wanted a new bat for two years. He came to this town when he was four years old. So he has lived here for ten years.

私は友だちの孝太について話します。私たちは８年間よい友だちです。孝太は野球をするのが好きです。彼は２年間新しいバットをほしいと思っています。彼は４歳のときにこの町に来ました。だから彼はここに10年間住んでいます。

(Speak & Write，単語・語句，Tryはp.167へ)

2 「これまでずっと～し続けている」と言えるようになろう。 QR

Scenes の意味

A: 亜美は今日の集まりを忘れてしまったのだと思います。
B: 彼女はまもなく来るでしょう。

A: 私たちは30分待っています。
B: ほら，見てください。あれは亜美です。

「(ずっと)～している」と言うときは…

We **have been waiting** *for* half an hour.

for 「～の間」

〈have been＋動詞の-ing形〉で表すよ。

ポイント!

形 〈have [has] been＋動詞の-ing形〉

意味 「(ずっと)～している」

【現在完了と現在完了進行形の違い!】

They **have lived** here for ten years.　彼らはここに10年住んでいます。

↑ 状態を表す動詞

They **have been running** for an hour.　彼らは１時間ずっと走っています。

↑ 動作を表す動詞

Listen アンの話を聞き，内容に合う動物を選びましょう。 QR

❶ (　　　)　　❷ (　　　)　　❸ (　　　)

解答

❶ d

❷ a

❸ b

英文 QR

❶ *Ann:* Look at that cute animal. It has been eating for an hour.
あのかわいい動物を見てください。それは１時間ずっと食べています。

❷ *Ann:* This animal is very strong. It has been sleeping for three hours.
この動物はとても強いです。それは３時間ずっと寝ています。

❸ *Ann:* Look at that animal. It has been hanging from a tree since I came here.
あの動物を見てください。それは私がここに来てからずっと木からぶら下がっています。

Speak & Write 待ち合わせに来ない友だちの家に電話をかけたら，家族の人が出ました。例を参考に表現しましょう。

(例) *A:* Has Mika left yet?

B: Not yet. She has been drying her hair.

例文の訳

A: 美香はもう家を出ましたか。

B: まだです。彼女はずっと髪の毛をかわかしています。

解答例

・*A:* Has Miho left yet?　美穂はもう家を出ましたか。

B: Not yet. She has been looking for her key.　まだです。彼女はずっと自分のかぎをさがしています。

・*A:* Has Keiko left yet?　恵子はもう家を出ましたか。

B: Not yet. She has been choosing her clothes.　まだです。彼女はずっと自分の服を選んでいます。

・*A:* Has Yuta left yet?　雄太はもう家を出ましたか。

B: Not yet. He has been sleeping.　まだです。彼はずっと眠っています。

単語・語句 QR

- □ forgot [ファガット] 動 forget(忘れる)の過去形《過去分詞形も同形》
- □ we've [ウィヴ] ＝we have
- □ half [ハフ] 名 半分
- □ hang(ing) [ハング(ハンギング)] 動 ぶら下がる
- □ ※dry [ドゥライ] 動 かわかす(→教科書 p.48 形 乾燥した，かわいた)
- □ hair [ヘア] 名 髪
- □ key [キー] 名 かぎ
- □ *half an hour*　30分
- □ *look for ～*　～をさがす

Think

1 ダニエルと真央は修学旅行で広島に来ています。 QR

Daniel: ❶ This《ズィス》 is《イズ》 our《アウア》 last《ラスト》 day《ディ》 in《イン》 Hiroshima《ヒロシマ》.

今日は　私たちの最後の日です　広島での

〈have＋過去分詞〉の形。「ずっと～である」という状態の継続を表している。

Mao: ❷ Yes《イエス》. ❸ We've《ウィヴ》 been《ビン》 here《ヒア》 for《フォー》 three《スリー》 days《デイズ》.

はい　私たちはずっといます　ここに　3日間

この〈have＋過去分詞〉は「すでに～した」という完了の意味を表す。

❹ We've《ウィヴ》 already《オールレディ》 learned《ラーンド》 a《ア》 lot of《ラッタヴ》 things《スィングズ》.

私たちはすでに学びました　たくさんのことを

〈be動詞＋過去分詞〉の受け身の文。「感動させられた」→「感動した」ということ。

Daniel: ❺ Absolutely《アブサルートリィ》. ❻ I《アイ》 was《ワズ》 moved《ムーヴド》 by《バイ》 the《ザ》 Hiroshima《ヒロシマ》 Peace《ピース》 Memorial《マモリアル》 Park《パーク》.

まったくそのとおりです　私は　感動させられました　広島平和記念公園によって

〈So＋be動詞＋主語〉の形。❻の文を受けて「私も感動した」と言っている。

Mao: ❼ So《ソウ》 was《ワズ》 I《アイ》. ❽ I《アイ》 bought《ボート》 a《ア》 souvenir《スーヴァニア》.

私もそうでした　私は　買いました　みやげを

❾ Take a《テイカ》 look《ルック》.

見てください

本文の意味

ダニエル：❶今日はぼくたちの広島での最後の日だね。

真央：❷そうね。❸私たちはここに 3 日間いたわね。❹すでにたくさんのことを学んだわ。

ダニエル：❺まったくそのとおりだね。❻ぼくは広島平和記念公園に感動したよ。

真央：❼私もよ。❽おみやげを買ったの。❾見て。

ダニエル：❿せっけんみたいだね。⓫ああ，それは紙粘土だ。

真央：⓬再生された折り鶴がこの粘土には使われているの。

ダニエル：⓭再生された折り鶴？　⓮それは一度も耳にしたことがないよ。

真央：⓯私もよ。⓰でもおもしろいと思ったの。

Daniel: ⑩ It《イット》 looks《ルックス》 like《ライク》 soap《ソウプ》. ⑪ Oh《オウ》, it's《イッツ》 paper《ペイパァ》 clay《クレイ》.
それは せっけんのように見えます　ああ　それは紙粘土です

Mao: ⑫ Recycled《リーサイクルド》 paper《ペイパァ》 cranes《クレインズ》 are《アー》 used《ユーズド》 in《イン》 this《ズィス》 clay《クレイ》.
再生された折り鶴が　使われています　この粘土に

Daniel: ⑬ Recycled《リーサイクルド》 paper《ペイパァ》 cranes《クレインズ》? ⑭ I've《アイヴ》 never《ネヴァ》 heard《ハード》 of《アヴ》 that《ザット》.
再生された折り鶴ですか　私はそのことを一度も耳にしたことが　ありません

Mao: ⑮ Me《ミー》 neither《ニーザァ》. ⑯ But《バット》 I《アイ》 thought《ソート》 it《イット》 was《ワズ》 interesting《イントゥラスティング》.
私もありません　しかし 私は 思いました　それはおもしろいと

⑧の a souvenir「みやげ」をさしている。

この〈have never ＋過去分詞〉は「一度も～したことがない」という経験を表している。

⑭の「聞いたことがない」という否定の内容を「私も聞いたことがない」と同意している。

Q

① How long have Daniel and Mao been in Hiroshima?
どのくらいの間，ダニエルと真央は広島にいますか。

② What is used in the paper clay?
紙粘土には何が使われていますか。

A 解答例

❶ They have been there for three days.
彼らはそこに 3 日間います。

❷ Recycled paper cranes are.
再生された折り鶴です。

単語・語句 QR

- □ absolutely [アブサルートリィ] 副 (*Absolutely.*で)まったくそのとおり。
- □ ※move [ムーヴ] 動 感動させる(→教科書p.10 動 引っ越す p.21 動 動く，移動する p.66 動 動かす)
- □ Hiroshima Peace Memorial Park [ピース マモリアル パーク] 名 (theをつけて)広島平和記念公園
- □ souvenir [スーヴァニア] 名 みやげ
- □ soap [ソウプ] 名 せっけん
- □ clay [クレイ] 名 粘土
- □ recycled [リーサイクルド] 形 再生された，再生(の)
- □ neither [ニーザァ] 副 ～もまた…ない
- □ *Take a look.* 見てください。

2 ダニエルはインターネットで原爆の子の像に関する記事を見つけました。QR

❶のa monument「記念碑」をさしている。

❶ In《イン》 the《ザ》 Hiroshima《ヒロシマ》 Peace《ピース》 Memorial《マモリアル》 Park《パーク》, there《ゼア》 is《イズ》
広島平和記念公園に　ありますa
a《ア》 monument《マニュマント》. ❷ It《イット》 was《ワズ》 built《ビルト》 for《フォー》 Sasaki《ササキ》 Sadako《サダコ》 and《アンド》
記念碑が　それは　建てられました　佐々木禎子さんとほかの多くの子どもたちのために
many《メニィ》 other《アザァ》 children《チルドゥレン》. ❸ They《ゼイ》 were《ワー》 victims《ヴィクティムズ》 of《アヴ》 the《ズィ》
彼らは　犠牲者でした　原子爆弾の
atomic《アタミック》 bomb《バム》.

〈人＋believe (that) ～〉「(人)が～と信じる」の形。believe が過去形 believedになるときは，～の文でも過去形を用いる。ここでは will の過去形の would が使われているが，will のように訳す。

❹ In《イン》 1954《ナインティーン フィフティフォー》, Sadako《サダコ》 became《ビケイム》 sick《スィック》. ❺ She《シー》 believed《ビリーヴド》
1954年に　禎子さんは病気になりました　彼女は　信じました
she《シー》 would《ウド》 get《ゲット》 better《ベタァ》 by《バイ》 making《メイキング》 a《ア》 thousand《サウズンド》 paper《ペイパァ》
彼女は千羽鶴を折ることによってよくなるだろうと
cranes《クレインズ》. ❻ However《ハウエヴァ》, she《シー》 passed《パスト》 away《アウェイ》 the《ザ》 next《ネクスト》 year《イア》.
しかし　彼女は　亡くなりました　その翌年に
❼ She《シー》 was《ワズ》 only《オウンリィ》 twelve《トゥウェルヴ》.
彼女は　たった12歳でした

本文の意味

❶広島平和記念公園には記念碑があります。❷それは佐々木禎子さんとほかの多くの子どもたちのために建てられました。❸彼らは原子爆弾の犠牲者でした。

❹1954年，禎子さんは病気になりました。❺彼女は，千羽鶴を折ることで病気がよくなると信じていました。❻けれども，彼女はその翌年に亡くなりました。❼たった12歳でした。

❽記念碑が建てられて以来，たくさんの人々が非常にたくさんの折り鶴をずっとそこへ送っています。❾折り鶴は人々の平和への希望を表しています。

❽ Many《メニィ》 people《ピープル》 have《ハヴ》 been《ビン》 sending《センディング》 millions《ミリョンズ》 of《アヴ》 paper《ペイパァ》 cranes《クレインズ》 to《トゥー》 the《ザ》 monument《マニュマント》 since《スィンス》 it《イット》 was《ワズ》 built《ビルト》.

たくさんの人々が / ずっと送っています / 非常にたくさんの折り鶴を / その記念碑へ / それが建てられて以来

〈have been＋動詞の -ing形〉の形。「（ずっと）～している」という動作の継続を表している。

❾ The《ザ》 paper《ペイパァ》 cranes《クレインズ》 show《ショウ》 people's《ピープルズ》 hope《ホウプ》 for《フォー》 peace《ピース》.

折り鶴は / 示しています / 人々の平和への希望を

Q

① Was Sadako a victim of the atomic bomb?
禎子さんは原子爆弾の犠牲者でしたか。

② What do the paper cranes show?
折り鶴は何を示していますか。

A 解答例

❶ Yes, she was.
はい，そうでした。

❷ They show people's hope for peace.
それらは人々の平和への希望を示しています。

単語・語句 QR

- □ monument［マニュマント］名 記念碑
- □ victim(s)［ヴィクティム(ズ)］名 犠牲者
- □ atomic［アタミック］形 原子(力)の
- □ bomb［バム］名 爆弾
- □ pass(ed)［パス(ト)］動 (人が)死ぬ，他界する
- □ *get well*　(体調が)よくなる
- □ *pass away*　亡くなる

Try ② 表現例

I've learned how to play tennis since I was eleven.

私は 11 歳のころからテニスの仕方を習っています。

3 記事には，折り鶴の再生についても書かれていました。 QR

〈be動詞＋過去分詞〉の受け身の文。

❷の「毎年記念碑に送られてきた折り鶴が燃やされていること」をさしている。

〈have been ＋動詞の -ing形〉の形で，動作の継続を表している。

❶ The《ザ》 monument《マニュマント》 receives《リスィーヴズ》 about《アバウト》 10《テン》 million《ミリョン》 paper《ペイパァ》
その記念碑は　受けとります　約1,000万羽の折り鶴を

cranes《クレインズ》 every《エヴリィ》 year《イア》. ❷ But《バット》 every《エヴリィ》 year《イア》 those《ゾウズ》 cranes《クレインズ》
毎年　しかし　毎年　それらの鶴は

are《アー》 burned《バーンド》. ❸ It《イット》 costs《コースツ》 too《トゥー》 much《マッチ》 and《アンド》 it's《イッツ》 not《ナット》 good《グッド》
燃やされます　それは　費用がかかります　多すぎる　そして　それはよくありません

for《フォー》 the《ズィ》 environment《インヴァイランマント》. ❹ People《ピープル》 have《ハヴ》 been《ビン》 thinking《スィンキング》
環境のために　人々は　ずっと考えてきました

about《アバウト》 this《ズィス》 problem《プラブラム》 for《フォー》 a《ア》 long《ローング》 time《タイム》.
この問題について　長い間

本文の意味

❶その記念碑は毎年，約1,000万羽の折り鶴を受けとります。❷しかし，毎年それらの鶴は燃やされます。❸それは費用がかかりすぎるし，環境によくありません。❹人々はこの問題について長い間，ずっと考えてきました。

❺１つのよいアイディアは折り鶴をノートや折り紙に再生利用することです。❻人々が再生された折り紙で再び鶴を折るとき，永続的な平和への希望を新たにしているのです。

(p.141より)

単語・語句 QR

- □ *Captain*［**キャ**プタン］*Tsubasa* 名 キャプテン翼(マンガのタイトル)
- □ foreign［**フォー**ラン］形 外国の
- □ according［アコーディング］副（*according to* ～で）～(の言うところ)によれば
- □ professional［プロ**フェッ**ショヌル］形 プロの
- □ wing(s)［**ウィ**ング(ズ)］名 翼，羽
- □ *get home*　帰宅する
- □ *according to* ～　～によれば

Try ②（表現例）

I will try to read a newspaper every day this year because I want to know about foreign countries.

私は外国について知りたいので，今年は毎日新聞を読もうとしています。

❺ One《ワン》 good《グッド》 idea《アイディア》 is《イズ》 to《トゥー》 recycle《リーサイクル》 the《ザ》 paper《ペイパァ》 cranes《クレインズ》
1つのよいアイディアは　折り鶴を再生利用することです

into《イントゥー》 notebooks《ノウトブックス》 and《アンド》 *origami*《オリガミ》 paper《ペイパァ》. ❻ When《(フ)ウェン》 people《ピープル》
ノートや折り紙へ　人々が折るとき

fold《フォウルド》 the《ザ》 recycled《リーサイクルド》 paper《ペイパァ》 into《イントゥー》 cranes《クレインズ》 again《アゲン》, they《ゼイ》
再生された紙を　鶴に　再び　彼らは

are《アー》 renewing《リニューイング》 the《ザ》 hope《ホウプ》 for《フォー》 lasting《ラスティング》 peace《ピース》.
再び新しくしています　希望を　永続的な平和への

〈to＋動詞の原形〉の形。名詞的用法の不定詞。

〈When ~, ...〉「～するとき…」の文。

Q

① Are the paper cranes burned every year?
折り鶴は毎年燃やされますか。

② What is a good idea to recycle the paper cranes?
折り鶴を再生利用するよいアイディアとは何ですか。

A　解答例

❶ Yes, they are.
はい，燃やされます。

❷ It is to recycle them into notebooks and *origami* paper.
それはそれらをノートや折り紙に再生利用することです。

単語・語句　QR

- □ receive(s) [リスィーヴ(ズ)] 動 受けとる
- □ burn(ed) [バーン(ド)] 動 燃やす，焼く
- □ cost(s) [コースト(コースツ)] 動 (費用・金額が)かかる
- □ environment [インヴァイランマント] 名 環境
- □ recycle [リーサイクル] 動 再生利用する
- □ fold [フォウルド] 動 折る
- □ renew(ing) [リニュー(イング)] 動 再び新しくする
- □ *every year*　毎年
- □ *for a long time*　長い間

Try　③ 表現例
My favorite memory of this year is our school festival.　私の今年の大好きな思い出は文化祭です。

Retell

❷

□ the Hiroshima Peace Memorial Park　□ paper clay　□ recycled paper cranes

表現例

・Daniel was moved by the Hiroshima Peace Memorial Park.
ダニエルは広島平和記念公園に感動しました。

・Mao bought paper clay as a souvenir.
真央はおみやげとして紙粘土を買いました。

・Daniel and Mao have never heard of recycled paper cranes.
ダニエルと真央は再生利用された折り鶴のことを一度も耳にしたことがありません。

□ a monument　□ Sasaki Sadako　□ millions of paper cranes

表現例

・The Hiroshima Peace Memorial Park has a monument.
広島平和記念公園には記念碑があります。

・The monument was built for Sasaki Sadako and many other children.
その記念碑は，佐々木禎子さんとほかのたくさんの子どもたちのために建てられました。

・People have been sending millions of paper cranes to the monument since it was built.
記念碑が建てられて以来，人々は非常にたくさんの折り鶴をずっとそこへ送っています。

□ recycle　□ notebooks　□ *origami* paper

表現例

・People decided to recycle the paper cranes into notebooks and *origami* paper.
人々は折り鶴をノートや折り紙に再生することを決めました。

Interact

What Kind of Person Are You?

② 例文と訳

A: Hi, I'm Mike Brown.
やあ，ぼくはマイク・ブラウンです。

B: Hi, Mike. Where do you live?
こんにちは，マイク。あなたはどこに住んでいますか。

A: I live in Sapporo. I've lived here for five years.
ぼくは札幌に住んでいます。ぼくはここに5年住んでいます。

B: What's your specialty?
あなたの得意なことは何ですか。

A: I've been playing baseball since I was nine.
ぼくは9歳のころから野球をずっとしています。

B: What do you want now?
あなたは今，何がほしいですか。

A: A new bike. I've wanted one for six months.
新しい自転車がほしいです。ぼくは6か月間ずっと自転車をほしいと思っています。

B: Who is your best friend?
あなたの親友はだれですか。

A: Yuki. We've been friends since we were three.
由紀です。ぼくたちは3歳のころからずっと友だちです。

単語・語句 QR

□ Mike Brown［マイㇰ ブラウン］名 マイク・ブラウン（架空の人名）

□ specialty［スペシャルティ］名 特技，得意なこと

英語のしくみ

1 現在完了

1. 完了 例文と訳

・I have just read this book. 私はちょうどこの本を読んだところです。

・Ken has already finished his homework. 健はすでに宿題を終えてしまいました。

・Has Ken finished his homework yet? 健はもう宿題を終えましたか。

— Yes, he has. / No, he hasn't. — はい，終えました。／いいえ，終えていません。

・I haven't read this book yet. 私はこの本をまだ読んでいません。

Challenge!

日本文に合う英文になるように，(　)に適する語を書きましょう。

(1)私はちょうどお皿を洗ったところです。

I (　　　　) (　　　　) (　　　　) the dishes.

(2)あなたのお姉さんは新しい仕事をもう始めたのですか。— はい，始めました。

(　　　　) your sister (　　　　) her new job (　　　　)? — (　　　　), she (　　　　).

(3)私たちはまだ宿題を終えていません。

We (　　　　) (　　　　) our homework (　　　　).

2. 経験 例文と訳

・I have visited Kyoto three times. 私は京都を3回訪れたことがあります。

・I have never eaten *okonomiyaki*. 私はお好み焼きを食べたことが一度もありません。

・Have you ever been to Australia? あなたはこれまでにオーストラリアに行ったことがありますか。

Challenge!

日本文に合う英文になるように，(　)内の語句を並べかえましょう。

(1)私はあの少年を以前に見かけたことがあります。

(that boy / seen / I / before / have).

(2)私の祖母は外国に一度も行ったことがありません。

(has / been / my grandmother / to / never) a foreign country.

(3)あなたはこれまでに『スターウォーズ』を見たことがありますか。

(watched / have / *STAR WARS* / ever / you)?

3. 継続　例文と訳

・Taro has lived here since 2015.　太郎は2015年からここに住んでいます。

・Taro and Kiyoshi have been good friends for many years.　太郎と清は長年よい友だちです。

・How long have Taro and Kiyoshi been good friends?　太郎と清はどれくらいの間よい友だちですか。

・I lived in Sendai for five years.　私は 5 年間仙台に住んでいました。

・I have lived in Sendai for five years.　私は 5 年間ずっと仙台に住んでいます。

Challenge!

日本文に合う英文になるように, (　)内の語句を並べかえましょう。

(1)私は昨年から京子を知っています。

(have / since / Kyoko / last year / known / I).

(2)彼らは1週間東京に滞在しています。

(have / in / they / a week / stayed / for / Tokyo).

(3)彼女はどのくらいの間入院しているのですか。

(has / how / in hospital / long / been / she)?

2　現在完了進行形　例文と訳

・I have been cleaning my room since this morning.　私は今朝からずっと自分の部屋を掃除しています。

・My brother has been running for two hours.　私の兄[弟]は 2 時間ずっと走り続けています。

・How long have you been waiting here?　あなたはどのくらいの間ここで待っているのですか。

Challenge!

日本文に合う英文になるように, (　)に適する語を書きましょう。

(1)私の妹はテレビゲームを 3 時間ずっとしています。

My sister (　　　) (　　　) (　　　) the video game (　　　) three hours.

(2)私たちは先週からその問題についてずっと考えています。

We (　　　) (　　　) (　　　) about the problem (　　　) last week.

(3)あなたはどのくらいの間ネコをさがしているのですか。

(　　　) long (　　　) you (　　　) (　　　) for your cat?

(Challenge!の解答はp.169)

Steps 5 説得力のある主張をしよう

教科書 p.110～p.111

1

① 英文と訳

由紀：Summer is better than winter because I like summer. I enjoy the *hanabi* festival every year. 私は夏が好きなので，夏が冬よりよいです。私は毎年花火大会を楽しみます。

エマ：Summer is better than winter. Summer vacation is long. Summer is exciting too.
夏は冬よりよいです。夏休みが長いです。夏はわくわくもします。

拓：Summer is better than winter. Summer vacation is long, so we have a lot of free time.
夏は冬よりよいです。夏休みが長いので，私たちには自由時間がたくさんあります。

② 英文と訳

夏はよくない：It's hot in summer, so ....　夏は暑いです，だから…。

夏はよい：It's hot in summer, so [but] ....　夏は暑いです，だから[しかし]…。

2

英文と訳

拓：Winter is better than summer. It's cold in winter, so we don't sweat too much.
冬は夏よりよいです。冬は寒いので，私たちはあまりたくさん汗をかきません。

由紀：I don't agree. The days are short in winter, so we have to go home early.
私は賛成しません。冬は日が短いので，私たちは早く家に帰らなくてはなりません。

エマ：I don't agree. It's cold and dry in winter, so we can catch a cold easily.
私は賛成しません。冬は寒くて乾燥しているので，私たちは風邪をひきやすいです。

3

① 例文と訳

A: I think summer is better because we have a lot of free time during summer vacation.
私たちは夏休みの間はたくさんの自由な時間があるので，私は夏がよりよいと思います。

② 例文と訳

B: I don't agree. We have a long summer vacation, but we have a lot of homework. I think winter is better because we have less homework during winter vacation.
私は賛成しません。長い夏休みはありますが，たくさんの宿題があります。冬休みは宿題が少ないので，私は冬がよりよいと思います。

単語・語句 QR

- □ sweat [スウェット] 動 汗をかく
- □ agree [アグリー] 動 同意する
- □ less [レス] 形 little(少ない)の比較級

ower-Up 5 メールで近況報告をしよう

教科書 p.112

1 英文と訳

Hi Helen,

How have you been?

I went to Sapporo with my family last weekend. We saw many snow sculptures there. Some were very big and beautiful. In Sapporo, I tried *miso ramen*. I really liked it because the soup was thick. I think you'll like it too.

Jack

こんにちは　ヘレン,

どうしていましたか。

私はこの前の週末に家族と札幌に行きました。私たちはそこでたくさんの雪の彫像を見ました。とても大きくて美しいものがありました。札幌では，私はみそラーメンを食べてみました。スープが濃くて私はほんとうにそれが気に入りました。私はあなたも気に入ると思います。

ジャックより

2 解答

Hi Helen,

How have you been?

I went to Sapporo with my family last weekend. We saw many snow sculptures there. Some were very big and beautiful. In Sapporo, I tried *miso ramen*. I really liked it because the soup was thick. I think you'll like it too.

Jack

発音クリニック

Could you《クヂュー》 bring your《ブリンギュア》 sketchbook?

I have a《ハヴァ》 lot of《ラッタヴ》 things to do.

I want to《ワントゥー》 have something sweet.

単語・語句 QR

□ sculpture(s) ［スカルプチャ(ズ)］ 名 彫像

□ ※thick ［スィック］ 形 （液体などが）濃い，濃厚な（→教科書p.48 形 厚い）

Our Project 6 この1年で得た「宝もの」

教科書p.113～p.117

1

① 英文 QR

Takeshi: The chorus contest was my best memory. I wanted to win first prize. We practiced hard every morning and after school. At first, we couldn't sing well, and I was very nervous. However, we were able to sing better and better. On the day of the chorus contest, we sang the best. I felt our hearts became one. Though we couldn't win first prize, I learned doing our best was important. I've been thanking my classmates since then.

合唱コンクールがぼくのいちばんの思い出でした。ぼくは優勝したいと思いました。ぼくたちは毎朝と放課後に，いっしょうけんめいに練習しました。はじめは，ぼくたちはうまく歌えず，ぼくはとても不安でした。しかし，ぼくたちはだんだんじょうずに歌えるようになりました。合唱コンクールの日，ぼくたちはいちばんじょうずに歌いました。ぼくは，自分たちの心が一つになったと感じました。ぼくたちは優勝できませんでしたが，自分たちの最善をつくすことが大事だということをぼくは学びました。それ以来，ぼくはクラスメートに感謝しています。

解答

・武史のいちばんの思い出は何ですか。

合唱コンクール

・彼はどんな経験をしたのでしょうか。

今まででいちばんじょうずに歌えて，みんなの心が一つになったように感じた。

・その経験を通して，彼が学んだことは何ですか。

最善をつくすことが大事であるということ

・彼はクラスメートにどんな思いを抱いていますか。

感謝の気持ち

単語・語句 QR

(教科書p.114)

□ chorus［コーラス］名 合唱

□ contest［カンテスト］名 コンクール，競技会

□ prize［プライズ］名 賞

□ nervous［ナーヴァス］形 不安で

□ felt［フェルト］動 feel(感じる)の過去形《過去分詞形も同形》

□ though［ゾウ］接 (～である)けれども，～にもかかわらず

□ *at first*　はじめは

(教科書p.115)

□ besides［ビサイヅ］副 そのうえ，さらに

□ fact［ファクト］名 事実

□ *in fact*　実際は

(p.146より)

単語・語句 QR

□ pancake [パンケイク] 名 パンケーキ

□ piece [ピース] 名 1つ, 1枚

□ sauce [ソース] 名 (料理の)ソース

□ mayonnaise [メイアネイズ] 名 マヨネーズ

□ eco-friendly [エコウフレンドリィ] 形 環境に配慮した, 環境にやさしい

□ plastic [プラスティック] 形 プラスチック[ビニール]の

□ repeatedly [リピーティドリィ] 副 くり返して

□ square [スクウェア] 形 正方形の, 四角い

□ cloth [クロース] 名 布, 布切れ

□ wrap [ラップ] 動 包む

□ paper [ペイパァ] 形 紙の, 紙製の

□ breeze [ブリーズ] 名 微風, そよ風

□ beef [ビーフ] 名 牛肉

□ sugar [シュガァ] 名 砂糖

□ *a piece of* ～　1つ[1枚]の～

(p.147より)

単語・語句 QR

□ attention [アテンション] 名 注意

□ passenger(s) [パサンヂャ(ズ)] 名 乗客, 旅客

□ Sunshine Airlines [サンシャイン エアラインズ] 名 サンシャイン航空(架空の航空会社の名)

□ cancel(led) [キャンスル(ド)] 動 取り消す

□ due [デュー] 形 (*due to* ～で)～のせいで

□ boarding [ボーディング] 名 搭乗, (*boarding gate*で)搭乗口

□ gate [ゲイト] 名 門, (搭乗)口

□ announcement [アナウンスマント] 名 (アナウンスでの)知らせ, 発表

□ Beijing [ベイヂング] 名 北京(中国の首都)

□ *due to* ～　～のせいで

Word Web 5 町の風景

教科書 p.118 ～ p.119

❶ amusement《アミューズマント》 park《パーク》
遊園地

❷ roller《ロウラァ》 coaster《コウスタァ》
ジェットコースター

❸ Ferris《フェリス》 wheel《(フ)ウィール》
観覧車

❹ factory《ファクトゥリィ》
工場

❺ truck《トゥラック》
トラック

❻ fire《ファイア》 station《ステイション》
消防署

❼ fire《ファイア》 engine《エンヂン》
消防車

❽ art《アート》 museum《ミューズィーアム》
美術館

❾ library《ライブレリィ》
図書館

❿ gym《ヂム》
体育館

⓫ expressway《イクスプレスウエイ》
高速道路

⓬ church《チャーチ》
教会

⓭ school《スクール》
学校

⓮ schoolyard《スクールヤード》
校庭

⓯ telephone《テラフォウン》 booth《ブース》
電話ボックス

⓰ baseball《ベイスボール》 stadium《ステイディアム》
野球場

⓱ police《パリース》 station《ステイション》
警察署

⓲ department《ディパートマント》 store《ストー》
デパート

⓳ bank《バンク》
銀行

⓴ city《スィティ》 hall《ホール》
市役所

㉑ convenience《カンヴィーニァンス》 store《ストー》
コンビニエンスストア

㉒ gas《ギャス》 station《ステイション》
ガソリンスタンド

㉓ office《オーフィス》
会社

㉔ post《ポウスト》 office《オーフィス》
郵便局

㉕ mailbox《メイルバックス》
郵便ポスト

㉖ park《パーク》
公園

㉗ fountain《ファウントン》
噴水

㉘ statue《スタチュー》
像

㉙ taxi《タクスィ》
タクシー

㉚ restaurant《レストゥラント》
レストラン

㉛ parking《パーキング》 lot《ラット》
駐車場

㉜ hospital《ハスピトゥル》
病院

㉝ ambulance《アンビュランス》
救急車

㉞ bus《バス》 stop《スタップ》
バス停

㉟ station《ステイション》
駅

㊱ subway《サブウエイ》
地下鉄

●やってみよう

例文と訳

A: Could you tell me the way to the statue?　像への道を私に教えていただけませんか。

B: Sure.　Go straight, and you can see a park on your right.　It's in the park.

はい。まっすぐ行くと，右側に公園が見えます。それは公園の中にあります。

表現例

・*A:* Could you tell me the way to the art museum?　美術館への道を私に教えていただけませんか。

B: Sure.　Go straight, and you can see it on your right.　It's next to the library.

はい。まっすぐ行くと，右側にそれが見えます。それは図書館の隣にあります。

・*A:* Excuse me, but how can I get to the police station?　すみませんが，警察署に行くにはどうすればよいですか。

B: Go straight, and turn left at the first corner.　You can see it on your left.

まっすぐ行って，最初の角を左に曲がってください。それは左側に見えます。

(p.149より)

Speak & Write 過去から現在まで続いていることについて表現しましょう。

(例) *A:* How long have you known Yusuke?

B: I've known him for five years [since I was nine].

例文の訳

A: あなたはどのくらいの間雄介を知っていますか。

B: 私は彼を５年間[９歳のときから]知っています。

解答例

・*A:* How long have you lived here?　あなたはどのくらいの間ここに住んでいますか。

B: I've lived here for seven years.　私はここに７年間住んでいます。

・*A:* How long have you played basketball?　あなたはどのくらいの間バスケットボールをしていますか。

B: I've played it since I was ten.　私は10歳のときからそれをしています。

単語・語句 QR

- □ ※hope [ホゥプ] 名 希望，望み(→教科書 p.11 動 望む，希望する)
- □ lasting [ラスティング] 形 永続的な
- □ peace [ピース] 名 平和
- □ since [スィンス] 接 ～して以来，～してから
- □ belt [ベルト] 名 ベルト，帯

Try ① **表現例**

I've been to Tokyo Dome once.　I watched an baseball game there.

私は東京ドームに一度行ったことがあります。私はそこで野球の試合を見ました。

Reading ③ Visas of Hope

教科書 p.120 ～ p.124

QR **1** ❶ On《アン》 July《デュライ》 18《エイティーンス》, 1940《ナインティーン フォーティ》, Sugihara《スギハラ》 Chiune《チウネ》 heard《ハード》
1940年7月18日に　杉原千畝は　聞きました

a《ア》 noise《ノイズ》 from《フラム》 outside《アウトサイド》 his《ヒズ》 office《オーフィス》 in《イン》 Lithuania《リスエイニア》. ❷ He《ヒー》
騒音を　彼の事務所の外からの　リトアニアの　彼は

> ❷のmany Jewish people「たくさんのユダヤ人」をさしている。

saw《ソー》 many《メニィ》 Jewish《デューイッシュ》 people《ピープル》. ❸ They《ゼイ》 were《ワー》 asking《アスキング》 for《フォー》
見ました　たくさんのユダヤ人を　彼らは　通過ビザを求めていました

> 「～すること」の意味を表す〈to＋動詞の原形〉。

transit《トゥランスィット》 visas《ヴィーザズ》 through《スルー》 Japan《ヂャパン》. ❹ They《ゼイ》 wanted《ワンティド》 to《トゥー》 be《ビー》
日本を通る　彼らは　自由になりたいと思いました

free《フリー》 from《フラム》 the《ザ》 Nazis《ナーツィズ》.
ナチ党から

> to write visas「ビザを書くための」はうしろからpermission「許可」を修飾している。

2 ❺ Chiune《チウネ》 sent《セント》 a《ア》 telegram《テレグラム》 to《トゥー》 the《ザ》 Japanese《ヂャパニーズ》
千畝は　送りました　電報を　日本政府へ

government《ガヴァンマント》. ❻ He《ヒー》 asked《アスクト》 permission《パミション》 to《トゥー》 write《ライト》 visas《ヴィーザズ》.
彼は　求めました　許可を　書くための　ビザを

> “　”の中は〈... if ～〉「もし～ならば，…」の文。

❼ Soon《スーン》 a《ア》 telegram《テレグラム》 arrived《アライヴド》. ❽ It《イット》 said《セッド》, “Don't《ドウント》 write《ライト》
まもなく　電報が　到着しました　それには　書いてありました　ビザを書いては

visas《ヴィーザズ》 for《フォー》 anyone《エニワン》 if《イフ》 they《ゼイ》 don't《ドウント》 satisfy《サティスファイ》 our《アウア》 conditions《カンディションズ》.”
いけません　だれに対しても　もし彼らが満たしていなければ　私たちの条件を

本文の意味

1 ❶1940年７月18日，杉原千畝はリトアニアにある自分の事務所の外からの騒音を聞きました。❷たくさんのユダヤ人が見えました。❸彼らは日本を通る通過ビザを求めていたのでした。❹ナチ党から自由になりたかったのです。

2 ❺千畝は日本政府へ電報を打ちました。❻彼はビザを書くための許可を求めました。❼まもなく，電報が届きました。❽それには，「彼らが我々の条件を満たしていなければ，だれに対してもビザを書いてはいけない。」とありました。

3 ❾千畝は命令に従わなければなりませんでした。❿彼もまた，１か月のうちに事務所を閉めてその国を去らなければなりませんでした。⓫しかし，彼はユダヤ人たちを助けたいと思いました。⓬彼は決心しました。⓭「あらゆる困難があっても，私はビザを書くぞ！」

❸ ❾ Chiune《チウネ》 had《ハッド》 to《トゥー》 obey《オウベイ》 the《ズィ》 order《オーダァ》. ❿ He《ヒー》 also《オールソウ》

千畝は　従わなければなりませんでした　命令に　彼は　もまた

had《ハッド》 to《トゥー》 close《クロウズ》 his《ヒズ》 office《オーフィス》 and《アンド》 leave《リーヴ》 the《ザ》 country《カントゥリィ》

彼の事務所を閉めなければならないしその国を去らなければなりませんでした

in a《イナ》 month《マンス》. ⓫ However《ハウエヴァ》, he《ヒー》 wanted《ワンティド》 to《トゥー》 help《ヘルプ》

1か月のうちに　しかし　彼は　助けたいと思いました

the《ザ》 Jewish《ヂューイッシュ》 people《ピープル》. ⓬ He《ヒー》 made《メイド》 up《アップ》 his《ヒズ》 mind《マインド》.

ユダヤ人たちを　彼は　決心しました

⓭ "In《イン》 spite《スパイト》 of《アヴ》 all《オール》 the《ザ》 trouble《トゥラブル》, I'll《アイル》 write《ライト》 the《ザ》 visas《ヴィーザズ》!"

すべての困難にもかかわらず　私は書こうと思います　ビザを

had to ～は〈have [has] to＋動詞の原形〉「～しなければならない」の過去形。

しようと思っていることを述べている。

Guess 解答例

・ユダヤ人たちは，ビザ発給の条件を満たしていましたか。

満たしていなかった　など

Check 解答例

・the country (本文❿) とはどこの国のことでしょうか。

リトアニア

(単語・語句はp.175へ)

Challenge! 解答 (p.160, p.161)

1-1 (1) have just washed　(2) Has, started [begun], yet / Yes, has　(3) haven't finished, yet

1-2 (1) I have seen that boy before.　(2) My grandmother has never been to a foreign country.

(3) Have you ever watched *STAR WARS*?

1-3 (1) I have known Kyoko since last year.　(2) They have stayed in Tokyo for a week.

(3) How long has she been in hospital?

2 (1) has been playing, for　(2) have been thinking, since　(3) How, have, been looking

was limitedは受け身〈be動詞＋過去分詞〉の形。

QR 4 ❶ Time《タイム》 was《ワズ》 limited《リミティッド》. ❷ Chiune《チウネ》 wrote《ロウト》 visas《ヴィーザズ》
時間は 限られていました 千畝は 書きました ビザを

day《ディ》 and《アンド》 night《ナイト》. ❸ He《ヒー》 ate《エイト》 very《ヴェリィ》 little《リトゥル》. ❹ His《ヒズ》 arm《アーム》
昼も夜も 彼は ほとんど食べませんでした 彼の腕は

〈become＋形容詞〉「～になる」の形。

became《ビケイム》 sore《ソー》. ❺ On《アン》 his《ヒズ》 last《ラスト》 day《ディ》, he《ヒー》 went to《ウェントゥー》 the《ザ》
痛くなりました 彼の最後の日に 彼は 行きました 駅に

to以下は千畝が駅に行った目的を表している。

station《スティション》 to《トゥー》 leave《リーヴ》 for《フォー》 Berlin《バーリン》. ❻ A《ア》 lot of《ラッタヴ》 Jewish《ヂューイッシュ》 people《ピープル》
ベルリンに出発するために たくさんのユダヤ人が

were《ワー》 waiting《ウェイティング》 for《フォー》 him《ヒム》 there《ゼア》. ❼ So《ソウ》 Chiune《チウネ》
彼を待っていました そこで それで 千畝は

whileのあとにhe wasが省略されている。

〈When ～, ...〉「～するとき，…」の文。

kept《ケプト》 writing《ライティング》 visas《ヴィーザズ》 while《(フ)ワイル》 on《アン》 the《ザ》 train《トゥレイン》. ❽ When《(フ)ウェン》 the《ザ》
書き続けました ビザを 列車に乗っている間に 列車が出始めたとき

train《トゥレイン》 started《スターティド》 to《トゥー》 leave《リーヴ》, he《ヒー》 handed《ハンディド》 out《アウト》 the《ザ》 last《ラスト》 visa《ビーザ》
彼は 最後のビザを手渡しました

from《フラム》 the《ザ》 train《トゥレイン》 window《ウィンドウ》 and《アンド》 cried《クライド》 out《アウト》, “I'm《アイム》 really《リーリィ》
列車の窓から そして 叫びました ほんとうにすみません

sorry《サリィ》.

本文の意味

4 ❶時間は限られていました。❷千畝は昼も夜もビザを書きました。❸彼はほとんど食べませんでした。❹腕が痛くなりました。❺最後の日，千畝はベルリンに出発するために駅に行きました。❻たくさんのユダヤ人がそこで彼を待っていました。❼それで千畝は列車に乗っている間もビザを書き続けました。❽列車が出始めたとき，彼は列車の窓から最後のビザを手渡して叫びました。「ほんとうにすみません。❾私はこれ以上ビザを書くことができません。❿みなさんが無事であることをほんとうに願っています。」⓫だれかが千畝に向かって叫びました。「杉原さん，私たちはあなたを忘れません。⓬いつかあなたに再びお会いするでしょう。」

> hopeのあとに接続詞thatが省略されている。

❾ I《アイ》 cannot《キャナット》 write《ライト》 any《エニィ》 more《モー》 visas《ヴィーザズ》. ❿ I《アイ》 truly《トゥルーリィ》 hope《ホウプ》
私は 書くことができません これ以上ビザを 私は ほんとうに 望んでいます

everyone《エヴリワン》 will《ウィル》 be《ビー》 safe《セイフ》." ⓫ Someone《サムワン》 shouted《シャウティド》
みなさんが無事でいることを だれかが 叫びました

to《トゥー》 Chiune《チウネ》, "Mr.《ミスタァ》 Sugihara《スギハラ》, we《ウィー》 will《ウィル》 not《ナット》 forget you《ファゲッチュー》.
千畝に 杉原さん 私たちは 忘れないでしょう あなたを

⓬ Someday《サムディ》 we《ウィー》 will《ウィル》 meet you《ミーチュー》 again《アゲン》."
いつか 私たちは 会うでしょう あなたに もう一度

Check **解答例**

・his last day(本文❺)とは何の最終日でしょうか。

千畝がリトアニアにいられる最終日

Guess **解答例**

・ユダヤ人たちは，なぜ千畝を待っていたのでしょうか。

ビザを発給してもらいたかったから など

Check **解答例**

・「もうビザを書けない」と言ったとき，千畝はどんな気持ちだったのでしょうか。

全員分のビザを書くことができなくて残念な[申し訳ない]気持ち など

単語・語句 QR

- ❹ □ limit(ed) [リミット(リミティド)] 動 限る，制限する
- □ wrote [ロウト] 動 write(書く)の過去形
- □ sore [ソー] 形 痛い
- □ Berlin [バーリン] 名 ベルリン(ドイツの首都)
- □ truly [トゥルーリィ] 副 ほんとうに
- □ *hand out ～* ～を手渡す
- □ *cry out* 叫ぶ
- □ *not ～ any more ...* これ以上の…を～ない

QR 5 ❶ Chiune《チウネ》 returned《リターンド》 to《トゥー》 Japan《ヂャパン》 in《イン》 1947《ナインティーン フォーティセヴァン》.
千畝は もどりました 日本へ 1947年に

❷ He《ヒー》 had《ハド》 to《トゥー》 quit《クウィット》 his《ヒズ》 job《ヂャブ》. ❸ One《ワン》 day《ディ》 in《イン》 1968《ナインティーン スィクスティエイト》,
彼は 辞めなければなりませんでした 彼の仕事を ある日 1968年の

Chiune《チウネ》 received《リスィーヴド》 a《ア》 phone《フォウン》 call《コール》 from《フラム》 the《ザ》 Israeli《イズレイリ》
千畝は 受けとりました 電話を イスラエル大使館から

Embassy《エンバスィ》. ❹ Later《レイタァ》, Chiune《チウネ》 met《メット》 a《ア》 man《マン》. ❺ The《ザ》 man《マン》
後に 千畝は 会いました ある男性に その男性は

showed《ショウド》 him《ヒム》 an old《アノウルド》 piece《ピース》 of《アヴ》 paper《ペイパァ》. ❻ “Do《ドゥ》 you《ユー》
見せました 彼に 1枚の古い紙を あなたは覚えていますか

remember《リメンバァ》 this《ズィス》? ❼ We’ve《ウィーヴ》 been《ビーン》 looking《ルッキング》 for《フォー》 you《ユー》
これを 私たちはあなたをずっとさがしていました

since《スィンス》 the《ザ》 war《ウォー》 ended《エンディド》,” the《ザ》 man《マン》 said《セッド》 in《イン》 tears《ティアズ》.
戦争が終わってから その男性は 言いました 涙を流して

〈show ＋ 人 ＋ もの〉「(人)に(もの)を見せる」の形。

〈have been ＋ 動詞の -ing形〉の文で，過去のある時点で始まった動作が現在まで続いていることを表している。

本文の意味

5 ❶千畝は1947年に日本に帰国しました。❷彼は仕事を辞めなければなりませんでした。❸1968年のある日，千畝はイスラエル大使館から電話をもらいました。❹その後，ある男性に会いました。❺その男性は千畝に１枚の古い紙を見せました。❻「これを覚えていますか。❼私たちは，戦争が終わってからあなたをずっとさがしていました。」とその男性は涙を流して言いました。

6 ❽千畝は，ヨーロッパにいたときに「せんぽ」と自己紹介していました。❾そのほうが発音しやすかったのです。❿このために，ユダヤ人はたやすく彼を見つけることができなかったのでした。

7 ⓫千畝は2,139通のビザを書き，何千ものユダヤ人の命を救いました。⓬なぜ彼は日本政府に逆らったのでしょうか。⓭後に，千畝は「私はただ自分の内なる声に従っただけです。」と言いました。

6 ❽ Chiune《チウネ》 introduced《イントゥラデュースト》 himself《ヒムセルフ》 as《アズ》 “Sempo”《センポ》 when《(フ)ウェン》
千畝は　自己紹介していました　「せんぽ」として　彼がいたとき

he《ヒー》 was《ワズ》 in《イン》 Europe《ユラップ》. ❾ It《イット》 was《ワズ》 easier《イーズィア》 to《トゥー》 pronounce《プラナウンス》.
ヨーロッパに　それは　よりたやすかったです　発音するのが

❿ Because《ビコーズ》 of《アヴ》 this《ズィス》, the《ザ》 Jewish《ヂューイッシュ》 people《ピープル》 couldn’t《クドント》 find《ファインド》
これのために　ユダヤ人は　見つけることができませんでした

him《ヒム》 easily《イーズィリィ》.
彼を　たやすく

〈easy to＋動詞の原形〉で「～するのにたやすい」という意味。ここではeasyの比較級が使われている。
Itは❽の“Sempo”をさしている。

❽の自分のことを「せんぽ」として紹介していたことをさしている。

7 ⓫ Chiune《チウネ》 wrote《ロウト》 2,139《トゥー サウズンド ワン ハンドゥラッド サーティナイン》 visas《ヴィーザズ》 and《アンド》 saved《セイヴド》
千畝は　書きました　2139通のビザを　そして　救いました

thousands《サウズンズ》 of《アヴ》 Jewish《ヂューイッシュ》 lives《ライヴズ》. ⓬ Why《(フ)ワイ》 did《ディッド》 he《ヒー》 go《ゴウ》
何千ものユダヤ人の命を　なぜ　彼は日本政府に

against《アゲンスト》 the《ザ》 Japanese《ヂャパニーズ》 government《ガヴァンマント》? ⓭ Later《レイタァ》, Chiune《チウネ》
逆らったのでしょうか　後に　千畝は

said《セッド》, “I《アイ》 just《ヂャスト》 followed《ファロウド》 my《マイ》 inner《イナァ》 voice《ヴォイス》.”
言いました　私は　ただ　従いました　私の内なる声に

Guess　解答例

・千畝はなぜ仕事を辞めなければならなかったのでしょうか。

政府の命令を無視してビザを発給したから　など

Check　解答例

・an old piece of paper（本文❺）とは具体的に何のことでしょうか。

千畝が書いたビザ

Guess　解答例

・千畝と会った男性はなぜ涙を流したのでしょうか。

命の恩人である千畝に再会できてうれしかったから　など

・my inner voice（本文⓭）とは，何のことでしょうか。

自分の心の声［自分の信念／良心］　など

（単語・語句はp.175へ）

3rd Stage

1. 次の絵を実際に起きた順に並べましょう。

(ⓑ)→(ⓓ)→(ⓒ)→(ⓐ)

2. 本文の内容と合うように，空所に適する語を選んで書きましょう。

In 1940, Chiune found there were many ①Jewish people outside his office. They wanted transit ②visas through Japan. Chiune ③decided to write visas against the Japanese government's order. He ④kept writing visas for a month.

After 28 years, Chiune received a phone call from the ⑤Israeli Embassy. Later, Chiune met a man. The man showed him a very old visa. The man was ⑥happy to see Chiune again. Chiune saved thousands of Jewish people. Later, he said, "I just followed my ⑦inner voice."

decided / happy / inner / Israeli / Jewish / kept / visas

英文の訳

1940年，千畝は自分の事務所の外にたくさんの①ユダヤ人がいるのを見つけました。彼らは日本を通る通過②ビザがほしかったのです。千畝は日本政府の命令に逆らってビザを書くことに③決めました。彼は 1 か月間，ビザを書き④続けました。

28年後，千畝は⑤イスラエル大使館から電話をもらいました。その後，千畝はある男性に会いました。その男性はとても古いビザを彼に見せました。その男性は千畝に再会できて⑥喜んでいました。千畝は何千人ものユダヤ人を助けました。後に，彼は「私は自分の⑦内なる声に従っただけです。」と言いました。

(p.169より)

単語・語句

- □ visa(s) [ヴィーザ(ズ)] [名] ビザ，査証
- **1** □ Lithuania [リスエイニア] [名] リトアニア
- □ Jewish [ヂューイッシュ] [形] ユダヤ人の
- □ ask(ing) [アスク(アスキング)] [動] 求める
- □ transit [トゥランスィット] [名] 通過，通行
- □ Nazis [ナーツィズ] [名] (theをつけて)ナチ党(1920-1945年までヒトラーが率いたドイツの極右政党)
- □ *ask for* 〜　〜を求める
- **2** □ telegram [テレグラム] [名] 電報
- □ government [ガヴァンマント] [名] 政府
- □ permission [パミション] [名] 許可
- □ arrive(d) [アライヴ(ド)] [動] 到着する
- □ anyone [エニワン] [代] (否定文で)だれも〜ない
- □ satisfy [サティスファイ] [動] 満たす，充足させる
- □ condition(s) [カンディション(ズ)] [名] 条件
- **3** □ obey [オウベイ] [動] 従う
- □ ※order [オーダァ] [名] 命令(→教科書 p.68 [動] 注文する)
- □ mind [マインド] [名] 心，気持ち
- □ spite [スパイト] [名] (*in spite of* 〜で)〜にもかかわらず
- □ *make up his mind*　決心する
- □ *in spite of* 〜　〜にもかかわらず

(p.173より)

単語・語句

- **5** □ quit [クウィット] [動] (仕事などを)やめる
- □ Israeli Embassy [イズレイリ エンバスィ] [名] (theをつけて)イスラエル大使館
- □ tear(s) [ティア(ズ)] [名] 涙
- □ *in tears*　涙を流して，泣いて
- **6** □ introduce(d) [イントゥラデュース(ト)] [動] 紹介する
- □ pronounce [プラナウンス] [動] 発音する
- □ *introduce himself*　自己紹介をする
- **7** □ lives [ライヴズ] [名] life(命)の複数形
- □ against [アゲンスト] [前] 〜に反対して
- □ inner [イナァ] [形] 内なる，心の
- □ *thousands of* 〜　何千もの〜，数千もの〜
- □ *go against* 〜　〜に逆らう

2 クイック Q&A

＜質問文(Q)＞

1. 学校生活について

1. What subjects do you like?
   あなたは何の教科が好きですか。
2. What club are you in?
   あなたは何部に入っていますか。
   What team are you on?
   あなたは何部に入っていますか。
3. How did you come to school today?
   あなたは今日はどうやって学校に来ましたか。
4. What are you going to do after school?
   あなたは放課後何をする予定ですか。
5. How many members are there in your club?
   あなたの部には部員が何人いますか。
6. How many students are there in your class?
   あなたのクラスには生徒が何人いますか。
7. Which is more difficult for you, math or science?
   数学と理科では，あなたにはどちらのほうが難しいですか。

＜答え方(A)＞

1. School Life

1. I like music and English.
   私は音楽と英語が好きです。
2. I'm in the art club.
   私は美術部に入っています。
   I'm on the soccer team.
   私はサッカー部に入っています。
3. By bike.
   自転車で来ました。
4. I'm going to do my homework.
   私は宿題をする予定です。
5. About twenty.
   約20人います。
6. There are thirty-two.
   32人います。
7. Math.
   数学です。

2. 日常生活について

1. What did you do last Sunday?
   この前の日曜日にあなたは何をしましたか。
2. What time did you get up this morning?
   今朝，あなたは何時に起きましたか。
3. What did you have for breakfast?
   あなたは朝食に何を食べましたか。
4. Were you busy yesterday?
   あなたは昨日，忙しかったですか。
5. What are you going to do tonight?
   今夜あなたは何をする予定ですか。

2. Everyday Life

1. I went to see a movie.
   私は映画を見に行きました。
2. At seven thirty.
   7時30分です。
3. Sandwiches and orange juice.
   サンドイッチとオレンジジュースです。
4. Yes, I was. / No, I wasn't.
   はい，忙しかったです。／いいえ，忙しくありませんでした。
5. I'm going to watch a movie on TV.
   私はテレビで映画を見る予定です。

6. What will you do next Sunday if the weather is good?
次の日曜日に天気がよかったら，あなたは何をしようと思いますか。

6. I'll play soccer with my friends.
私は友だちとサッカーをしようと思います。

3. 趣味，好みなどについて

1. What sports do you like?
あなたは何のスポーツが好きですか。
2. Who's your favorite singer?
あなたの大好きな歌手はだれですか。
3. What countries do you want to visit?
どの国をあなたは訪れたいですか。
4. Which do you like better, oranges or apples?
オレンジとリンゴでは，あなたはどちらのほうが好きですか。
5. Which do you like the best, traveling by car, by plane, or by train?
車，飛行機，列車では，あなたはどれで旅行するのがもっとも好きですか。

3. Hobbies, Favorites

1. I like soccer.
私はサッカーが好きです。
2. I like Stevie Wonder.
私はスティービー・ワンダーが好きです。
3. I want to visit Korea.
私は韓国を訪れたいです。
4. I like oranges better.
私はオレンジのほうが好きです。
5. I like traveling by train the best of all.
私はすべての中で列車で旅行するのがもっとも好きです。

4. 日本について

1. What's the highest mountain in Japan?
日本でもっとも高い山は何ですか。
2. What's the longest river in Japan?
日本でもっとも長い川は何ですか。
3. Which is more popular in Japan, baseball or basketball?
日本では野球とバスケットボールでは，どちらのほうが人気がありますか。
4. Which is colder in winter, New York or Nagasaki?
ニューヨークと長崎では，どちらのほうが冬は寒いですか。
5. Which is more expensive, *unadon* or *tendon*?
うな丼と天丼では，どちらのほうが高いですか。

4. About Japan

1. It's Mt. Fuji.
それは富士山です。
2. It's the Shinano River.
それは信濃川です。
3. Baseball is.
野球です。
4. New York is.
ニューヨークです。
5. *Unadon* is.
うな丼です。

10 台所

❶ blender《ブレンダァ》
ミキサー

❷ faucet《フォースィット》
蛇口

❸ coffeemaker《コーフィメイカァ》
コーヒーメーカー

❹ chopping《チャッピング》 board《ボード》
まな板

❺ knife《ナイフ》
包丁

❻ sink《スィンク》
流し

❼ saucepan《ソースパン》
シチューなべ

❽ microwave《マイクラウウェイヴ》
電子レンジ

❾ cabinet《キャバネット》
食器だな

❿ kitchen《キチャン》 fan《ファン》
換気扇

⓫ outlet《アウトレット》
コンセント

⓬ rice《ライス》 cooker《クカァ》
炊飯器

⓭ frying《フライイング》 pan《パン》
フライパン

⓮ kettle《ケトゥル》
やかん

⓯ stove《ストウヴ》
こんろ

⓰ ladle《レイドゥル》
玉じゃくし

⓱ toaster《トウスタァ》
トースター

⓲ rice《ライス》 paddle《パドゥル》
しゃもじ

⓳ refrigerator《リフリヂャレイタァ》
冷蔵庫

⓴ scale《スケイル》
はかり

14 いろいろな職業

teacher《ティーチャ》
教師

chef《シェフ》
料理長

baker《ベイカァ》
パン屋

firefighter《ファイアファイタァ》
消防士

doctor《ダクタァ》
医師

nurse《ナース》
看護師

dentist《デンティスト》
歯科医師

musician《ミューズィシャン》
音楽家

pianist《ピアニスト》
ピアニスト

singer《スィンガァ》
歌手

writer《ライタァ》
作家

florist《フローリスト》
花屋

beautician《ビューティシャン》 / hairstylist《ヘアスタイリスト》
美容師

barber《バーバァ》
理髪師

announcer《アナウンサァ》 / newscaster《ニューズキャスタァ》
アナウンサー／ニュースキャスター

cartoonist《カートゥーニスト》
漫画家

painter《ペインタァ》
画家

designer《ディザイナァ》
デザイナー

public《パブリック》 official《アフィシュル》
公務員

carpenter《カーパンタァ》
大工

office《オーフィス》 worker《ワーカァ》
会社員

police《パリース》 officer《オーフィサァ》
警察官

photographer《ファタグラファ》
写真家

reporter《リポータァ》
記者

lawyer《ローヤァ》
弁護士（法律家）

soccer《サカァ》 player《プレイア》
サッカー選手

scientist《サイアンティスト》
科学者

computer《カンピュータァ》 programmer《プロウグラマァ》
プログラマー

flight《フライト》 attendant《アテンダント》
旅客機の客室乗務員

pilot《パイラット》
パイロット

15 日本の祝日・学校行事

(注)数字は日付を示す。◎印はその月の第２月曜日，○印は第３月曜日。＊印は年によって変わることがある。
なお□印は学校行事を示す。

4月 April
□ entrance ceremony（入学式）
□ opening ceremony（始業式）
□ physical checkup（健康診断）
□ outing / field trip（遠足）
29 Showa Day（昭和の日）

5月 May
3 Constitution Day（憲法記念日）
4 Greenery Day（みどりの日）
5 Children's Day（こどもの日）

6月 June
□ midterm examinations
（中間試験）

7月 July
□ term-end examinations（期末試験）
□ ball game tournament（球技大会）
□ closing ceremony（終業式）
○ Marine Day（海の日）
(Summer vacation starts.)

8月 August
11 Mountain Day
（山の日）

9月 September
○ Respect-for-the-Aged Day（敬老の日）
＊23 Autumn Equinox Day（秋分の日）
□ school festival（文化祭）

10月 October
◎ Health-Sports Day
（体育の日）
□ field day（体育大会）
□ school trip
（修学旅行）

11月 November
3 Culture Day（文化の日）
23 Labor-Thanksgiving Day（勤労感謝の日）
□ chorus contest（合唱祭）
□ achievement test（実力テスト）

12月 December
(Winter vacation starts.)

1月 January
1 New Year's Day（元日）
◎ Coming-of-Age Day
（成人の日）

2月 February
11 National Foundation Day（建国記念の日）
23 Emperor's Birthday（天皇誕生日）

3月 March
＊21 Vernal Equinox Day（春分の日）
□ year-end examinations（学年末試験）
□ graduation ceremony（卒業式）
(Spring vacation starts.)

MEMO

MEMO

MEMO